KB213741

SIMPLY

예수를 그리스도로 믿는 공동체

JESUS

신성관 지음

세움북스

SIMPLY JESUS:
예수를 그리스도로 믿는 공동체

지음   신성관
편집   김덕원, 박진, 이지혜, 이찬혁
발행처   감은사
브랜드   아드벤트
발행인   이영욱
전화   070-8614-2206
팩스   050-7091-2206
주소   서울특별시 강동구 암사동 아리수로 66, 401호
이메일   editor@gameun.co.kr

종이책
초판발행 2025.03.07.
ISBN   9791193155844
정가   11,000원

전자책
초판발행 2025.03.07.
ISBN   9791193155851
정가   8,900원

아드벤트는 감은사의 임프린트입니다.

SIMPLY JESUS:
예수를 그리스도로 믿는 공동체

신성관

| 일러두기 |

· 본서에서 사용된 성경 구절은 개역개정판이고, 가독성을 위해 거기에 문장부호를 임의로 추가했습니다. 그 외의 출처는 따로 표기를 했습니다.

목차

추천사

깊고 방대한 저서를 읽기 전에 먼저 그 책을 일목요연하게 정리한 소책자를 읽으면서 전체 구조, 핵심 개념, 주요 주장 등을 습득할 때면, 내비게이션의 안내를 받는 듯 안정감을 느꼈다. 하지만 그런 저서를 직접 읽으면서는 나를 설득하는 방식으로 다시 정리하게 된다. 이 책은 우리에게는 공기처럼 지나치게 낯익은, 그래서 다 안다고 생각했던 기독교나 그 신앙의 개념과 내용에 대해서 정작 문외한에게 설명하려고 할 때 나 자신도 잘 모르고 있다는 것을 깨

닳고 당황했던 이들을 독자로 초대하고 있다. 혹시 예수가 성이고 그리스도가 이름이라고 생각한다면, 메시아, 크리스토스(Christos), 그리스도, 크라이스트(Christ), 기독(基督)이 모두 '기름 부음을 받은 자'라는 같은 뜻을 갖고 있다는 것을 몰랐다면, 어서 이 책을 챙기시길 바란다. 우리를 구원하는 데 '죽음'이 필요하다면 그 방법이 참으로 다양할 것인데, 왜 하필이면 그 징허디 징헌 로마의 십자가형이어야 했느냐는 질문에 멈칫한다면, 즉시 읽으셔야 할 것 같다. 기본 중의 기본 아닌가. 이 책은 신박한 연구 결과를 담고 있지 않다. 다만 그런 당혹감을 겪고서 이불 킥을 해 본 사람만이 쓸 수 있는 내용을 담고 있다. 자기 같은 이들을 구원하고 싶은 저자의 마음을 알아주면 좋겠다. 새신자들을 위한 필독서가 나와서 반갑고 고맙다.

█ 박대영 | 광주소명교회 책임목사, 묵상과 설교 책임편집

책 추천에 앞서 저자를 소개하는 것이 나의 몫이 될 것 같다. 저자는 10여 년을 넘게 나에게서 신약학을 공부하며 지금도 진지하게 성서와 신학을 연구하고 있는, 내가 아끼고 사랑하는 제자다. 그는 박사과정 중에 '심플리 시리즈'(Simply Series)를 집필했다. 성경의 핵심을 찾지 못하고 세속주의와 이념에 사로잡힌 그리스도인들에게 한때 전국을 순회하고 돌아다니며 복음을 전했던 그의 집념과 열정은 한국 교회를 향한 사랑이었던 것 같다. 그의 첫 책을 읽어 보고 나는 단 한마디를 남겼다. "이제 마음껏 성경 말씀을 전해도 되겠습니다." 지금도 그 순간 그의 눈물을 기억한다. 이제는 『Simply Jesus』라는 책을 발간했다. 그때 그 말을 지금 다시 해도 되겠다.

이 책에서 그는 우리가 함께 학습했던 학문적 논리로, 내가 하고 싶은 말을 다하고 있다. 더 나아가 열정적인 복음 사역자로서 학문의 세계에만 사로잡히지 않고 이 '복음의 겨울', '기독교 쇠락'의 때를 넘어서려 하고 있다. 한국의 그리스도인 모두에게 이 책을 자랑스럽게 추천할 수 있겠다.

▍박정수 | 성결대학교 신약학 교수

"항상 복음을 전파하라. 꼭 필요하면 말도 사용하라." 아멘입니다. 평소엔 삶과 존재로 복음을 전하다가 꼭 필요할 때, 즉 우리의 삶과 존재에 끌려 다가오는 이에게는 말을 사용해야지요. 맞습니다. 복음은 수사학 이전에 존재론으로 전하는 것이니까요. 하지만 베드로가 바로 짚었듯 우리의 소망에 관한 이유를 묻는 이에게 건넬 답변 또한 준비해야 합니다. 그런데 안타깝게도 21세기인 지금도 '예수 천당, 불신 지옥'이라는 낡은 구호 말고는 적실한 답변이 없어 보입니다. 감사하게도 신성관 목사님의 『Simply Jesus』는 쉽고 일상적인 어휘를 구사하면서도 그리스도교 신앙의 알심을 적확하게 포착해 냈습니다. 그러면서도 복음의 깊이를 담아냄에 손상이 없고 오히려 실천적인 지평까지 열어 줍니다. 저도 나름 비/반그리스도인과 소통할 줄 아는 목회자라고 자평했는데 이 책을 읽으며 크게 배웠습니다. 교회 밖의 독자에겐 교양서로 손색이 없고, 교회 안의 독자에겐 입문서는 물론 재교육서로 『Simply Jesus』보다 나은 책이 당장 떠오르지 않네요.

■ 박총 | 작가, 목사, 『욕쟁이 예수』 저자

이 책은 방향과 목적이 선명하다. 문제의식은 기독교 신앙을 설명할 때 요즘 유행하는 '하나님 나라'를 중심으로 설명하는 방식이 교회 현장에서 불신자들과 대화하는 데 효과적이지 않더라는 것이다. 그래서 '예수를 그리스도로 믿는 것'의 의미를 중심으로 '역사적 맥락'과 그 의미를 이해하기 위한 '배경 지식'을 제공하는 한 모델을 제시하는 것이 이 책의 목적이다. 저자는 유대교 전통과 1세기 유대인들의 세계관 속에서 '그리스도'의 의미를 설명하고, 그리스도의 '십자가 처형'과 '부활'의 의미를 명료하게 밝히며 기독교 신앙의 핵심을 설명한다. 또한 예수가 선포한 '하나님 나라'의 당시적 의미와 초기 그리스도교 공동체의 모습을 제시하면서, 예수를 왕이자 주로 섬기는 공동체로서의 교회의 의미를 강조한다.

책은 군더더기 없이 간명하게 목적을 향해 직진한다. 저자는 충분히, 정확하게, 효과적으로 목표점에 이르렀고, 목적한 바를 성취했다. 이 심플한 책에 그 외의 것을 요구하는 것은 군더더기다. 이제 책을 읽고, 그 목적을 따라 기존 신자가 아닌 사람들과 예수에 대해 나누고 공동체를 이루는 것은 독자의 몫일 테다.

■ 박현철 | 청어람ARMC 대표

그리스도인들이 믿는 내용을 흔히 복음이라고 부른다. 그 핵심은 예수를 그리스도로 믿는 것이다. 수많은 교회가 있고 성서를 쉽게 접할 수 있지만 막상 예수를 그리스도로 믿는다는 의미가 왜곡되거나 깊이 이해하지 못하는 경우도 많다. 이 책은 한마디로 예수 그리스도를 소개하는 책이다. 그리스도의 의미가 무엇인지, 예수가 가르쳤던 하나님의 나라는 어떤 뜻인지, 그의 죽음과 부활은 어떻게 이해해야 하고 그 이후 형성된 교회 공동체는 예수를 어떻게 이했는지, 이 책은 성서의 본문을 중심으로 짧고 명료하면서도 쉽고 균형 있는 핵심적 설명을 제공한다. 이 책을 통해 예수의 삶에 대한 관심이 늘어나고 더 깊은 이해를 위한 여정의 출발이 있기를 바란다.

▌우종학 | 서울대학교 교수

『Simply Jesus』는 기독교의 본질을 일상적인 언어로 쉽게 풀어내어, 성경의 깊이 있는 내용을 처음 접하는 사람도 부담 없이 이해할 수 있도록 구성한 책입니다. 특히 구약성경의 역사적 흐름과 예수가 전한 '하나님 나라' 메시지를 자연스럽게 연결해, 성경

전체를 관통하는 핵심 주제를 명확히 보여 준다는 점이 돋보입니다.

가장 주목할 만한 부분은 '십자가'와 '교회 공동체'를 단순한 종교적 개념이 아닌, 현실의 문제와 직접 연결된 실천적 의미로 해석한다는 것입니다. 저자는 십자가 사건이 단순한 역사적 사건을 넘어, 인간 사회의 죄성과 사회의 구조적 불의를 드러낸 사건임을 강조하며, 초대교회가 예수의 가르침을 따라 이 땅에서 하나님의 통치를 어떻게 실현하고자 했는지 설득력 있게 풀어냅니다.

이 책은 '하나님의 통치를 이 땅에서 실현하고자' 하는 저자의 깊은 고민을 바탕으로 성서신학에서 길어 낸 신학적 내용을 담고 있으면서도, 어려운 용어 사용을 최소화하여 기독교에 관심이 있는 누구나 쉽게 읽을 수 있습니다. 또한 기존 신자들에게도 예수가 '구원자이자 왕'으로서 지니는 의미와 교회의 본질적인 사명을 다시금 돌아보게 합니다.

전반적으로 접근성이 높고 설명이 명쾌해, 기독교를 처음 접하는 독자들에게 훌륭한 입문서가 되어 줄 것입니다.

▌임수민 | 메가스터디교육 윤리과 강사·저자,

현자의 돌 윤리 연구소 소장

앞서 출간된 『Simply Bible』, 『Simply Gospel』, 『노마드 교회』는 각각 하나님 나라 성경 개관, 하나님 나라 복음, 그리고 하나님 나라와 교회를 주제로 다루었습니다. 이 책들이 출판된 이후, 지역 교회에서 목회를 지속하면서 더 깊은 신학적 성찰과 실제적 고민이 쌓였습니다. '하나님 나라' 신학은 기존의 내세 중심적 천국 복음에서 벗어나, 하나님의 통치가 이 땅에서 실현되는 메시지로의 전환을 가져왔습니다. 그러나 수많은 강연과 목회 경험을 통해 깨달은 사실은, 이 메시지가 여전히 기존 신자들에게 국한 된다는 것이었습니다. 또한, 점차 하나님 나라 신학 이 교회 성장의 수단으로 전락하거나, 하나의 프로 그램으로 체계화되어 가는 모습을 목격하게 됐습니 다. 이러한 흐름 속에서 하나님 나라 신학을 학습하 지 않으면 교회의 일원으로 인정받기 어려운 현실 또한 마주하게 됐습니다. 사실상 하나님 나라 신학 은 일정 수준 이상의 신학적 교육을 받지 않으면 이 해하기 어려운 개념일 뿐만 아니라, 종교적 배경이 없는 이들에게는 더욱 낯선 주제일 수밖에 없다는 점을 성찰했습니다. 이러한 경험은 저로 하여금 제 신학적 태도와 목회적 접근 방식에 대해 깊이 반성 하는 계기가 됐습니다.

앞선 심플리 시리즈(Simply Series)의 두 권을 출간 한 후 약 6년 동안 지속된 가장 큰 고민은 다음과 같았습니다.

비그리스도인들에게 기독교를 어떻게 소개할 수 있을 것인가?

특히 이성과 합리의 교육을 받은 세대에게 기독교를 어떻게 설명해야 설득력이 있을 것인가에 대한 질문은 늘 마음 한편에 남아 있었습니다.

이러한 고민의 실마리는 우연한 기회에서 시작됐습니다. 대학 캠퍼스의 비그리스도인들이 모여 만든 교양 독서 동아리로부터 초청을 받아, 기독교를 교양적 관점에서 소개할 기회를 얻게 됐던 것입니다. 그때 전했던 메시지는 전통적 신학보다는 '역사적 예수 탐구'에 가까웠습니다. 그들에게는 '죄의 문제 해결'보다 '예수를 그리스도로 믿는다는 것'의 의미가 훨씬 더 중요하고 설득력 있는 메시지였습니다.

실제로 초기 그리스도교의 핵심 메시지 또한 단순하고 명료했습니다. '예수를 그리스도로 믿는 것'

이 곧 복음의 본질이었으며, 복잡한 구원의 교리나 신학적 체계를 이해하고 믿는 것이 아니었습니다. 초기 그리스도인들은 예수가 하나님의 대리 통치자인 메시아/그리스도임을 믿었고, 그의 부활을 통해 그의 삶, 가르침, 십자가의 죽음이 단순한 역사가 아니라 신의 계시이자 명령으로서의 권위를 지닌다고 받아들였습니다. 이 메시지는 로마 제국의 황제 숭배 이데올로기에 대한 급진적 도전이었으며, 유일신 신앙을 고수하던 유대교와의 심각한 갈등을 야기했습니다.

이처럼 그리스도교의 태동은 바로 '예수를 그리스도로 믿는 것'에서 시작됩니다. 이러한 내용을 바탕으로 현장에서 청년들과 나눈 강의와 토론은, 그리스도교에 대한 가장 효과적인 설명의 틀을 제공해 주었습니다. 물론 '믿음'과 '신앙'의 문제는 단순한 설명만으로 다루기 어려운 깊이를 지니고 있습니다. 그러나 바울의 고백처럼, "내가 복음을 위하여 모든 것을 행함은 복음에 참여하고자 함이라"(고린도전서 9 장 23절)라는 마음으로 이 책을 집필하게 됐습니다.

이 책의 내용은 독자에 따라 다소 불편하게 느껴질 수 있습니다. 누군가는 '죄의 문제'를 충분히 다루지 않았다고 평가할 수 있으며, 또 누군가는 성서를 지나치게 문헌학적으로 접근했다는 점으로 이의를 제기할지도 모릅니다. 그러나 천국과 지옥을 허구로 치부하고, 성서를 단순한 인간의 창작물로 간주하며, '신'이라는 개념조차 사회적 산물로 여기는 이들과의 대화를 포기할 수는 없었습니다. 이 책은 바로 그런 이들과 나누고자 하는 대화의 지평입니다.

이 책을 집필하는 과정에서 기도와 지지로 함께해 준 더드림교회 성도들께 깊이 감사드립니다. 또한 언제나 기도와 사랑으로 후원해 주시는 부모님, 그리스도인의 정의로움을 지키고자 노력하는 신성우 변호사와 형수, 사랑하는 조카들, 그리고 가장 소중한 동반자인 아내 장희연, 하나님께서 주신 특별

한 선물인 신하민과 신하준에게도 진심으로 감사의
마음을 전합니다.

2025년 2월

신성관

제1장
그리스도교란 무엇인가?

그리스도교는 예수를 그리스도로 믿는 모든 종교를 의미한다. 이는 서방 가톨릭, 동방 정교회, 개신교 등을 포함하며, 대한민국에서는 그리스도교의 중국식 표기인 '기라사독'(基利斯督)에서 유래한 '기독교'라는 표현이 사용되고 있다. '그리스도', '크라이스트'(Christ), '기라사독', 그리고 '기독'은 모두 동일한 의미를 가진 표현이다. 그런데 한국에서는 '기독교'가 개신교를 지칭하는 경우가 많아 혼동을 초래하기도 한다. 본서에서는 개신교 형성 이전의 그리스도교

본연의 모습을 이해하기 위해 '그리스도교'라는 명칭을 사용한다.

그리스도교는 서양에서 태동한 종교가 아니다. 현대 사회에서 종교적 배경이 부족하거나 종교 교육을 받지 않은 사람들 중에는 그리스도교를 서양의 종교로 오해하는 경우가 적지 않다. 그러나 그리스도교는 오늘날의 중동, 곧 '팔레스타인/이스라엘' 지역에 뿌리를 두고 있으며, 유대인의 종교인 유대교에서 기원했다.

▌팔레스타인

팔레스타인은 현대 이스라엘과 팔레스타인 자치 구역(가자 지구, 요르단강 서안 지구)이 위치한 지역을 의미한다. 고대에는 이 지역이 다수의 왕국과 제국의 지배를 받았으며, 예수가 활동하던 1세기경에는 로마 제국의 통치하에 있었다. 이곳은 유대교가 형성·발전한 지역이며, 초기 그리스도교가 등장한 중심지이기도 하다.

유대교는 단순한 종교를 넘어 유대인의 민족적 정체성을 형성하는 중심 요소였다. 그리스도교의 핵심 인물인 예수 역시 유대교 전통에 깊이 뿌리내리고 있었으며 자신을 유대인으로 여겼다.

> ▮ 유대교(Judaism)
>
> 유대교는 유대인의 종교로서, 유일신 하나님(야훼 또는 여호와)에 대한 신앙을 중심으로 한다. 그러나 1세기 전후에 쓰인 유대 문서들에서 '유대교'(Judaism, "유대주의")라는 용어는 종교적 의미보다는 '유대 전통을 지키는 것'에 더 가까운 의미로 사용되었다. 따라서 유대교는 단순한 종교적 신념 체계를 넘어 아브라함의 후손으로서 하나님의 선택을 받은 민족이라는 강한 정체성을 공유하는 행위로 이해된다.

그는 유대인들의 민족적 '신'을 믿고, 그들의 경전(經典)을 따랐다.

예수와 유대인들이 따랐던 경전이란, 타나크(Tanakh, '히브리 성서')라 불리는 유대교의 정경을 포함하는 문서들로 구성되어 있었다. 그 유대교의 정경은 개신교의 정경 중 '구약성서'라 부르는 책들과 나열 순서의 차이가 있지만 내용상으로는 동일하다.

유대교가 믿는 '신'은 유대인의 조상 아브라함에게 계시된 '신'으로, 그리스도교 역시 이 전통을

공유한다. 이는 창세기 12장 1-3절에 다음과 같이 기록되어 있다:

> 여호와께서 **아브람**에게 이르시되, "너는 너의 고향과 친척과 아버지의 집을 떠나 내가 네게 보여 줄 땅으로 가라. 내가 너로 큰 민족을 이루고 네게 복을 주어 네 이름을 창대하게 하리니, 너는 복이 될지라. 너를 축복하는 자에게는 내가 복을 내리고 너를 저주하는 자에게는 내가 저주하리니, 땅의 모든 족속이 너로 말미암아 복을 얻을 것이라" 하신지라.

유대교는 자신들의 경전에 따라 유대인을 '아브라함'의 자손으로 이해하며, 아브라함의 복을 이어받은 인물을 '이삭'으로 본다. 유대인들은 자신들의 정체성을 아브라함, 이삭, 야곱으로 이어지는 족보에 뿌리를 둔 민족으로 규정한다. 따라서 유대교는 단순히 신앙 체계에 머무르지 않고, 조상신을 중심으로 한 민족적 정체성과 깊이 연결되어 있다. 이런 점에서 유대교는 보편 종교라기보다는 특정 민족을 중심으로 한 민족 종교의 성격을 띤다.

▌아브라함과 유대교

유대교에서 아브라함은 신앙의 조상으로 간주된다. 창세기(12장)에 따르면, 하나님은 아브라함을 선택하여 "너로 큰 민족을 이루게 하겠다"고 약속했다. 이 계약은 그의 아들 이삭과 손자 야곱을 거쳐 계승됐으며, 야곱의 열두 아들이 이스라엘 열두 지파의 조상이 됐다.

아브라함의 자손이라는 개념은 단순한 혈통적 계승을 의미하는 것이 아니라, 하나님과의 특별한 계약적 관계를 나타낸다. 유대교 공동체는 이러한 계보를 중심으로 신앙 정체성을 형성하며, 이를 통해 신앙과 전통이 지속적으로 계승된다. 따라서 유대교는 그리스도교나 이슬람교처럼 보편적 신앙 공동체를 지향하기보다는, 특정 민족(이스라엘)의 역사적·계약적 관계에서 태동하

고, 그 중심에서 형성되어 온 민족의 종교(ethnic religion)
로 볼 수 있다.

아브라함에게 계시된 '신'을 믿는 또 하나의 종
교는 이슬람교이다. 이슬람교도들 역시 자신들을 아
브라함의 자손으로 간주하며, 아브라함의 적통(본처
에게서 난 자식의 계통)임을 주장한다. 이들은 유대교 및
그리스도교와 달리 자신들만의 고유한 경전을 가지
고 있으며, 이를 코란(Qur'an, 또는 '꾸란')이라 부른다.
이슬람교는 아브라함의 복을 받은 인물이 유대교에
서 인정한 이삭이 아니라, 아브라함의 후처로 여겨
지는 하갈의 자녀인 이스마엘이라고 주장한다. 코란
에서는 이스마엘을 아브라함의 헌신적인 후손으로
묘사하며, 이스마엘과 하갈을 하나님의 복을 받은
존재로 기록한다. 예를 들어, 코란 2장 125-127절에
서는 다음과 같이 언급한다:

아브라함과 이스마엘에게 명령하여, 내 집을 순례자와 머무는 자와 경배하는 자와 절하는 자들을 위해 정결하게 하라고 하였다. … 아브라함과 이스마엘이 이 집의 기초를 세우며 기도하기를 "우리 주여, 저희에게서 이를 받아 주소서. 실로 당신은 듣고 계시며 아시는 분이십니다"라고 하였다.

이처럼, 유대교와 이슬람교는 아브라함에게 주어진 계시에 기반한 '신앙의 뿌리'를 공유하고 있다.

유대교, 이슬람교, 그리고 유대교에 기원을 둔 그리스도교는 모두 아브라함에게 계시된 '신'에게서 기원한 종교들이다. 유대교와 이슬람교에서는 아브라함의 신을 각기 '하나님'과 '알라'라는 이름으로 부르며, 이는 의미론적으로 모두 "신"이라는 공통된 의미를 담고 있다. 한글 성경에서 "하나님"으로 번역된 히브리어 단어는 '엘로힘'(*Elohim*)인데, 이는 고대 근동에서 신을 부를 때 사용하는 보통명사였다.

따라서 '엘로힘'은 특정한 신 또는 신의 이름을 지칭한다기보다는 당시 사람들이 믿었던 민족 신을 가리키는 용어로 이해될 수 있다.

그러나 유대교의 경전에 따르면, 신은 특별한 계시를 통해 모세라는 인물에게 자신을 "스스로 있는 자"(I AM WHO I AM)라고 밝히며 "여호와"라고 소개한다. 출애굽기 3장 14-15절은 이를 다음과 같이 기록한다:

하나님이 모세에게 이르시되 "나는 스스로 있는 자이니라." 또 이르시되 "너는 이스라엘 자손에게 이같이 이르기를 '스스로 있는 자가 나를 너희에게 보내셨다' 하라." 하나님이 또 모세에게 이르시되 "너는 이스라엘 자손에게 이같이 이르기를 '너희 조상의 하나님 **여호와** 곧 아브라함의 하나님, 이삭의 하나님, 야곱의 하나님께서 나를 너희에게 보내셨다' 하라. 이는 나의 영원한 이름이요, 대대로 기억할 나의 칭

호나라."

본래 히브리 성서 원문에는 신의 이름이 자음으로만 기록되어 있으며, 이는 י('요드', Yod), ה('헤', He), ו('바브', Wav), ה('헤', He)로 구성되어 있다. 이를 영어로는 'YHWH'로 표기한다. 그리고 유대인들은 신의 이름을 망령되이 부르지 말라는 유대인의 전통에 따라 성서에 이 신의 이름이 나올 때마다 '아도나이'(אֲדֹנָי), 곧 "주님"이라고 읽었다.

이후, 6-10세기경 유대 마소라 학자들은 자음 YHWH에 히브리어 단어 אֲדֹנָי(Adonai, '아도나이')의 모음을 결합하여, 자음의 음가(YHWH)는 무시하고 단순히 '아도나이'로 읽게끔 유도했다. 하지만 중세 신학자들은 이를 오해하여 YHWH의 자음과 '아도나이'의 모음이 결합된 발음인 '예호바'(יְהֹוָה, Jehovah)로 음역했고, 이를 그대로 반영한 결과로서 한글 성경의 '여호와'가 등장하게 됐다. 그러나 엄밀히 말하면, '예호바/여호와'는 존재하지 않는 단어이다.

통상적으로 영어 성경에서는 이 단어(YHWH)를 유대인들의 읽기 전통에 따라 "The Lord"로 번역했으며, 학계에서는 יַהְוֶה(Yahweh: 한국어로는 통상 '야훼'라고 표기함)라는 발음이 원형에 가까울 것이라는 추측도 제기됐다.

이러한 다양한 번역과 발음에 관한 논의는 유대교의 신에 대한 깊은 경외와 전통적 이해를 반영하고 있다(예컨대, 히브리 성서를 헬라어로 번역한 칠십인역[Septuagint, 약어 LXX]에서는 YHWH를 주[主]를 뜻하는 '퀴리오스'[κύριος]로 번역하고 있다).

■ 칠십인역(Septuagint)

칠십인역이란 기원전 3세기 중후반 이집트에 정착한 유대인들이 유대교의 히브리 성서를 헬라어로 번역한 성서로, '칠십인역'이라는 명칭은 예루살렘의 대제사장이 알렉산드리아로 보낸 70명 혹은 72명의 유대인 번역가가 이 프로젝트를 수행했다는 전설적인 이야기에 기반한다.

그리스도교는 유대교의 전통에 기초하여 아브라함에게 계시된 '신'이자 이삭의 '신'을 믿고 있다.

부르는 방식은 다르지만 관념적으로는 동일하다고 볼 수 있다. 그러나 그리스도교는 유대교의 신 개념을 단순히 수용한 것이 아니라, 예수와 바울에 의해 새로운 해석을 부여받았다. 예수는 하나님의 성품과 사역을 자신의 삶과 가르침을 통해 드러냈고, 이를 통해 신의 개념이 재정의됐다. 이후 바울은 예수의 십자가 사건을 중심으로 신에 대한 이해를 체계화하면서, 그리스도교는 신의 본질과 구원 계획에 대한 독자적인 신학적 틀을 형성하게 됐다. 따라서 그리스도교의 신은 유대교의 신과 관념적으로는 동일하지만 예수와 바울에 의해 재이해된 신이며, 이 재이해된 신을 믿는 종교가 바로 그리스도교이다.

제2장
그리스도교의 이름이 된 그리스도의 의미

유대교에서 기원한 그리스도교는 어떻게 탄생하게 됐을까? 그리스도교라는 명칭에서 알 수 있듯이, '그리스도' 개념은 이 종교의 핵심을 이루는 중요한 요소이다. 한글 성경에서 말하는 '그리스도'란, 헬라어로 '크리스토스'(Christos)이며, 이는 히브리어 '마쉬아흐'(מָשִׁיחַ), 곧 흔히 말하는 '메시아'(Messiah)를 가리키는 표현이다. '메시아'는 히브리어로 "기름 부음 받은 자"를 의미한다. 유대인들에게 메시아는 하나님의 선택을 받아 특별한 사명을 맡은 인물을 지칭하는 표현으로, 왕이나 제사장과 같은 직책을 수행할 자에게 기름을 붓는 의식에서 유래했다.

사무엘상 16장 12-13절은 메시아의 의미와 관련된 기름 부음 의식을 다음과 같이 묘사하고 있다:

이에 사람을 보내어 그를 데려오매, 그의 빛이 붉고 눈이 빼어나고 얼굴이 아름답더라. 여호와께서 이르시되, "이가 그니 일어나 **기름을 부으라**" 하시는지라. 사무엘이 기름 뿔병을 가져다가 그의 형제 중에서 그에게 부었더니, 이날 이후로 **다윗이 여호와의 영에게 크게 감동되니라.** 사무엘이 떠나서 라마로 가니라.

구약성서에서 기름 부음의 행위에는 단순한 상징적 의식 이상의 의미가 담겨 있다. 이는 하나님으로부터 선택받은 자에게 하나님의 '영'이 임재함을 나타내는 것으로, 다른 말로 기름 부음 받음은 하나님의 영을 부여받는 것으로 이해됐다. 기름 부음을 받은 이는 하나님의 선택을 받은 존재일 뿐 아니라, 하나님의 영이 그와 함께하심으로써 신적 사명을 수행할 권능을 부여받는다.

또한, 이사야 61장 1절에서도 기름 부음 받은 자에게 하나님의 영이 내리심으로 그가 사명을 수행할 권능을 받았음을 묘사한다:

> **주 여호와의 영이 내게 내리셨으니**, 이는 여호와께서 내게 **기름을 부으사** 가난한 자에게 아름다운 소식을 전하게 하려 하심이라. 나를 보내사 마음이 상한 자를 고치며 포로 된 자에게 자유를, 갇힌 자에게 놓임을 선포하며.

이처럼 기름 부음은 단순히 선택의 표식을 넘어, 하나님의 영의 임재와 그로부터 비롯된 사명의 수행을 상징하는 중요한 행위로 이해된다.

유대인들에게 '메시아/그리스도'는 하나님의 영

이 임재한, 하나님이 선택한 "왕"이라는 의미를 갖는다. 이러한 메시아/그리스도의 개념은 특정한 역사 시기에 유대인들에게 더욱 중요한 상징으로 부각됐다. 유대인들은 역사적·지리적·정치적 조건하에 강대국들 틈바구니에 끼어, 반복적으로 '포로'의 상태를 경험했다. 이러한 경험은 구약성서에서 하나님이 허락한 심판으로 해석되기도 하지만, 실제로 유대인들은 오랜 기간 동안 강대국의 속국으로서 종속적인 삶을 살아야 했다.

■ 포로 상태와 외세의 지배

예수가 살았던 시대의 유대인들은 역사적으로 오랜 포로기를 경험했는데, 잠깐의 독립국가를 유지했던 하스모니아 왕조를 제외하고는 약 800년이 넘는 기간 동안 열강의 종속 상태에 놓여 있었다.

· 앗시리아 포로기(기원전 722년–609년)

- 바빌론 포로기(기원전 586년–539년)

- 페르시아 지배(기원전 539년–332년, 성전 재건 및 율법 강화)

- 헬레니즘 시대(기원전 332년–167년, 알렉산드로스 이후 셀레
  우코스의 지배)

- 하스모니아 왕조(기원전 164년–63년, 독립국가 유지)

- 로마 지배(기원전 63년–기원후 135년, 성전 파괴와 유대 디아스
  포라 발생)

느헤미야 9장 36-37절은 이러한 유대인들의 포
로기 정체성을 생생하게 묘사하고 있다:

우리가 오늘날 **종**이 되었는데, 곧 주께서 우리 조상들
에게 주사 그것의 열매를 먹고 그것의 아름다운 소산
을 누리게 하신 땅에서 우리가 **종**이 되었나이다. 우리
의 죄로 말미암아 주께서 우리 위에 세우신 이방 왕
들이 이 땅의 많은 소산을 얻고 그들이 우리의 몸과
가축을 임의로 관할하오니, 우리의 곤란이 심하오며.

유대인들에게 있어 '종'의 신분에서 해방되는 것은 이방 왕들의 통치가 끝나고, 자신들의 '신'이 선택한 왕이 다스리는 세상이 열리는 것을 의미했다. 이 기대는 '메시아/그리스도' 사상의 근본적인 토대를 이루었다. 메시아는 단순히 억압에서의 자유를 제공하는 정치적 구원자가 아니라, 하나님의 통치를 회복시킬 왕으로 기대됐다.

이사야 52장 7절은 이러한 해방의 열망이 단순한 정치적 소망을 넘어 하나님의 통치에 대한 신학적 기대와 결합되어 있음을 잘 보여 준다:

좋은 소식을 전하며, 평화를 공포하며, 복된 좋은 소식을 가져오며, 구원을 공포하며, 시온을 향하여 이르기를 **'네 하나님이 통치하신다'** 하는 자의 산을 넘는 발이 어찌 그리 아름다운가!

이러한 열망 속에서 유대인들은 포로기의 억압

과 압제가 끝나기를 갈망하며, 언젠가 하나님이 선택한 자, 기름 부음 받은 자가 나타날 것이라고 믿었다. 그리스도교는 바로 이 열망 속에서 예수가 그 메시아/그리스도라고 믿는 이들의 공동체를 의미한다. 즉, 그리스도교란 **예수를 메시아(그리스도)로 고백하는 신앙을 가진 사람들의 공동체**를 지칭한다.

그리스도교의 경전인 신약성서에서도 이러한 기대가 명확히 드러난다. 마태복음 16장 13-16절은 예수와 그의 제자들 사이에서 메시아에 대한 기대와 신앙이 어떻게 형성됐는지를 보여 준다:

예수께서 빌립보 가이사랴 지방에 이르러 제자들에게 물어 이르시되, "사람들이 인자를 누구라 하느냐?" 이르되, "더러는 세례 요한, 더러는 엘리야, 어떤 이는 예레미야나 선지자 중의 하나라 하나이다." 이르시되 "너희는 나를 누구라 하느냐?" 시몬 베드로가 대답하여 이르되, "**주는 그리스도시요 살아 계신 하나**

님의 아들이시니이다.”

이 구절에서 시몬 베드로의 고백은 예수를 그리스
도로 믿는 그리스도교 신앙의 기초가 된다. 예수를
‘그리스도’로 고백하는 이 신앙 공동체가 바로 그리
스도교의 출발점이다.

　　그리스도교는 유대교의 역사 맥락과 신학 전통
속에서 태동했다. 메시아는 유대 민족의 억압과 포
로의 경험 속에서 하나님의 통치를 회복할 구원자
로 기대됐으며, 그리스도교는 예수를 통해 이 기대
가 실현됐다고 믿는다. 이로써 그리스도교는 유대교
적 뿌리를 가지면서도, 예수를 중심으로 재정의된
신앙 체계 안에서 독자적인 종교로 발전했다.

제3장
유대인들의 포로기에 대한 세계관 이해

그리스도교를 이해하기 위해서는 그 뿌리가 되는
유대교에 대한 이해가 필수이다. 이는 그리스도교의
시작과 끝이 되는 예수와 그의 제자들이 유대교에
깊이 뿌리를 두고 있으며, 그들의 신학과 세계관이
유대 전통과 공명하고 있기 때문이다.

이번 장에서는 앞서 다루었던 내용을 바탕으로
1세기 유대인들의 세계관을 보다 자세히 탐구하고
자 한다. 특히, 유대인들이 자신들의 역사를 어떻게
이해했으며, 그들의 성서적 사고방식이 세계관 형성

에 어떤 영향을 미쳤는지를 살펴볼 것이다.

▌유대교의 의미와 성격

'유대교'라는 용어가 처음 등장하는 문헌, 마카베오하의 용례를 살펴보면, 이는 단순히 종교적인 개념을 지칭하기보다 유대 전통을 지키는 공동체적 성격을 강조하는 의미로 사용되었다. 이러한 용어 사용은 당시 유랑 생활을 하던 유대인들이 자신들의 정체성을 유지하기 위한 문화적 대응의 일환이었으며, 특히 헬레니즘 문화의 확산에 대한 저항의 의미를 내포하고 있었다. 따라서 유대교는 단순한 종교적 신념 체계를 넘어, 민족적 전통과 종교적 정체성을 포괄하는 개념이다.

세계관(世界觀)의 개념과 유대인의 사고방식

세계관(世界觀, worldview)이란 세상을 바라보는 방식을 의미한다. 인간은 자신이 처한 환경, 교육, 종교, 사회적 배경 등에 따라 특정한 시각을 형성하며, 이를 통해 현실을 해석하고 의미를 부여한다. 예를 들어, 종교적 세계관이 강한 사람은 자신의 삶에서 일어나는 사건들을 '신의 뜻'으로 해석하려는 경향이 있다. 마찬가지로, 1세기 유대인들은 아브라함에게 계시된 신(여호와)의 말씀과 성서(율법과 예언서)를 통해 자신들의 역사적 경험을 이해하려 했다.

이러한 관점은 성서의 여러 구절에서도 확인할 수 있다. 다음 구절을 살펴보자:

히스기야가 그의 조상 다윗의 모든 행위와 같이 **여호와께서 보시기에 정직하게 행하여.** (열왕기하 18장 3절)

이 구절에서 열왕기 저자는 히스기야왕을 평가하면서 다윗왕과 비교하고 있다. 그러나 이 표현은 하나님이 직접 평가한 것이 아니라, 저자가 신명기적 기준을 바탕으로 역사적 판단을 내린 것이다.

즉, "여호와께서 보시기에 정직했다"라는 평가

는 단순한 도덕적 판단이 아니라, 유대인들의 경전인 '신명기' 법을 기준으로 한 평가이다. 이러한 역사 서술 방식은 신명기적 사관(Deuteronomistic history)이라고 불리며, 이 관점을 바탕으로 서술된 경전을 신명기적 역사서라고 부른다.

■ 신명기적 사관(Deuteronomistic History)의 개념

신명기적 사관은 이스라엘 역사를 특정한 신학적 관점에서 해석하는 방식으로, 구약성서의 신명기(Deuteronomy)에 나타난 원리를 중심으로 역사적 사건을 평가하는 관점이다.

1. 순종과 축복, 불순종과 심판의 원칙

신명기에서는 이스라엘 백성(유대인들)이 하나님의 계명을 준수하면 복을 받을 것이며, 이를 어기면 저주를 받을 것이라는 원리를 강조한다(신명기 28장). 신명기적 사관은 이스라엘의 흥망성쇠를 이러한 원칙에 근거하여

설명한다. 즉, 신실한 지도자가 하나님의 율법을 준수하면 국가가 번영하고, 반대로 우상을 숭배하거나 하나님의 계명을 어기는 지도자는 국가적 재앙을 초래하는 것으로 해석된다.

2. 신명기적 사관이 반영된 역사서

신명기적 사관의 영향을 받은 역사서로는 여호수아, 사사기, 사무엘서, 열왕기 등이 있다. 이들 문서는 이스라엘 왕국의 역사[출애굽 이후 가나안 정복, 사사 시대[사사(士師), 곧 재판관이 이스라엘을 다스리던 시기], 통일 왕국과 분열 왕국의 역사]를 기록하면서, 각 시대를 하나님의 율법 준수 여부에 따라 평가하는 특징을 가진다.

3. 역사적 평가 기준

신명기적 사관에서는 왕이나 지도자의 평가 기준이 단순한 정치적 성취나 도덕적 행위가 아니라, 하나님의 율법을 얼마나 충실히 준수했는가에 따라 결정된다. 예를 들어, 성경에서 "여호와 보시기에 정직하였다"라는 평가는 왕이 신명기의 율법을 충실히 따랐음을 의미하며, 반대로 "여호와 보시기에 악을 행하였다"라는 평가는 율법을 저버린 행위로 간주된다.

이러한 신명기적 사관은 고대 이스라엘의 역사적 사건을 해석하는 신학적 틀을 제공하며, 그리스도교 신학에서도 구약성서를 이해하는 데 중요한 관점을 형성한다.

유대인들의 역사관과 포로기의 의미

이러한 사관은 예수가 활동했던 1세기 유대인들에게도 동일하게 적용됐다. 1세기 유대인들은 자신들이 로마 제국의 속국으로서 통치받고 있는 역사적 현실(로마의 장군 폼페이우스가 유대인 지역인 예루살렘과 그 주변을 기원전 63년경에 정복했다)을 신명기적 사관을 바탕으로 해석하려 했다.

특히, 이스라엘 지역은 지리적 요충지였기 때문

에, 고대 근동의 여러 강대국이 충돌하는 전쟁과 갈등의 중심에 놓일 수밖에 없었다. 이러한 이유로 유대인들은 로마 제국 이전에도 끊임없이 강대국들의 압제와 지배를 경험해야만 했다.

실제로, 이스라엘의 역사 자료와 성서 속 기록을 살펴보면, 유대인들은 이집트, 바빌로니아, 페르시아와 같은 강대국들의 지배 아래 장기간 놓여 있었으며, 이러한 역사적 경험은 그들의 세계관 형성에 큰 영향을 미쳤다. 유대인들은 그러한 역사 상황을 단순한 정치 현실로 받아들이지 않았다. 그들은 성서를 통해 자신들이 처한 상황을 이해하고자 했다.

신명기적 사관과 포로기 이해

이러한 사관이 반영된 대표적인 성서가 포로기 경험 아래에서 기록된 다니엘서이다. 다니엘서의 한 대목을 살펴보면, 유대인들이 자신들의 역사적 현실을 어떻게 이해했는지 명확하게 알 수 있다:

온 이스라엘이 주의 **율법을 범하고** 치우쳐 가서 주의 목소리를 듣지 아니하였으므로, **이 저주가 우리에게 내렸으되, 곧 하나님의 종 모세의 율법에 기록된 맹세대로 되었사오니, 이는 우리가 주께 범죄하였음이니이다. 주께서 큰 재앙을 우리에게 내리사,** 우리와 및 우리를 재판하던 재판관을 쳐서 하신 말씀을 이루셨사오니, 온 천하에 예루살렘에서 일어난 일 같은 것이 없나이다. 모세의 율법에 기록된 대로 이 모든 재앙이 이미 우리에게 내렸사오나, 우리는 우리의 죄악을 떠나고 주의 진리를 깨달아 우리 하나님 여호와의 얼굴을 기쁘게 하지 아니하였나이다. (다니엘 9장 11-13절)

이 구절에서 유대인들은 자신들이 처한 상황에 대해 '율법을 범했기 때문에 저주의 상태에 놓임'이라는 신학적 해석을 반영하고 있다. 여기서 말하는 '율법'이란 바로 신명기의 법을 의미한다. 실제로 신명기의 한 대목을 살펴보면, 이러한 사고방식의 기원

을 찾을 수 있다:

네가 만일 네 하나님 **여호와의 말씀을 순종하지 아니
하여,** 내가 오늘 네게 명령하는 그의 모든 명령과 규
례를 지켜 행하지 아니하면, **이 모든 저주가 네게 임
하며** 네게 이를 것이니. (신명기 28장 15절)

이러한 성서의 구절들은 유대인들이 포로기의 상황
을 단순한 정치적 억압이 아니라, 신명기의 법을 어
긴 결과로 해석했음을 보여 준다.

포로기와 해방, 그리고 예수의 메시지

그들은 자신들이 율법을 범한 죄로 인해 '저주'의 상
태에 놓여 있다고 믿었다. 그러나 유대인들의 경전
은 단순히 과거의 죄와 저주에 대한 반성에 그치지
않았다. 그들은 '죄와 저주의 상태'에서 해방될 것이
라는 희망을 품었으며, 이를 성서를 통해 예언하고

있었다.

> 너희의 하나님이 이르시되, "너희는 위로하라. 내 백
> 성을 위로하라." 너희는 예루살렘의 마음에 닿도록
> 말하며 그것에게 외치라, **"그 노역의 때가 끝났고 그**
> **죄악이 사함을 받았느니라."** (이사야 40장 1-2절)

성서의 세계관을 지닌 유대인들은 자신들의 "노역
의 때"가 끝나는 것과 "죄 사함"을 서로 연결된 것으
로 인식했으며 죄 사함을 받는 것은 곧 '해방', '자유'
를 의미했다. 이러한 세계관이 지배적이었던 1세기
유대 사회에서 예수를 따르던 이들은 예수를 '죄 사
함을 가져오는 자'로 이해했다.

> 아들을 낳으리니 이름을 예수라 하라 이는 그가 자기
> 백성을 **그들의 죄에서 구원할** 자이심이라 하니라. (마
> 태복음 1장 21절)

이러한 배경에서 마태복음 1장 21절의 예수를 "죄에서 구원할 자"로 여긴다는 것은 그가 인간의 윤리적·도덕적 잘못에서 구원한다는 의미가 아니라는 것을 알 수 있다.

이상에서 예수 시대 유대인들의 신명기적 세계관을 통해 그들이 자신들의 삶의 현실을 어떻게 이해했는지 살펴보았다. 이러한 관점 속에서, 예수를 '죄에서 구원할 자'로 고백하는 그리스도교의 신앙이 가지는 의미는 다음 장에서 더욱 깊이 다룰 것이다.

제4장
예수가 그리스도라는 의미

이 장에서는 예수가 '메시아/그리스도'라는 의미를 상세히 살펴보고자 한다. 앞서 논의한 대로, 그리스도교는 예수를 메시아(그리스도)로 믿는 신앙을 기반으로 한다. 유대인들은 지속되는 포로기와 억압이라는 역사적 현실 속에서, 메시아(그리스도)를 통해 하나님의 통치가 회복되고 유대 민족이 해방될 것이라는 희망을 품었다. 그들에게 메시아는 단순히 정치적 지도자가 아니라, 하나님이 보내신 구원자로서의 의미를 지녔다.

유대인들의 경전인 느헤미야서는 유대인들이 포로기 이후 고향 땅으로 돌아왔음에도 불구하고 여전히 자신들의 정체성을 '종'으로 인식하고 있었던 증거를 담고 있다. 느헤미야 9장 36-37절은 이를 다음과 같이 묘사한다:

> 우리가 오늘날 **종이 되었는데,** 곧 주께서 우리 조상들에게 주사 그것의 열매를 먹고 그것의 아름다운 소산을 누리게 하신 땅에서 우리가 종이 되었나이다. 우리의 죄로 말미암아 주께서 우리 위에 세우신 이방 왕들이 이 땅의 많은 소산을 얻고 그들이 우리의 몸과 가축을 임의로 관할하오니 우리의 곤란이 심하오며.

이 본문은 그들의 '종'과 '자유'의 정체성이 누가 그들을 통치하는가에 달려 있음을 고백하는 구절로 이해할 수 있다. 이러한 배경 속에서 유대인들에게 '좋은 소식'이란 바로 하나님의 통치가 유대 땅에 도

래하는 것이었다. 이사야 52장 7절은 이를 다음과 같이 노래한다:

> **좋은 소식**을 전하며 평화를 공포하며 복된 좋은 소식을 가져오며 구원을 공포하며 시온을 향하여 이르기를 "네 하나님이 통치하신다" 하는 자의 산을 넘는 발이 어찌 그리 아름다운가.

유대인들에게 메시아의 도래는 억압으로부터의 해방과 하나님의 직접적인 통치를 상징하는 희망의 메시지였다.

유대인들은 자신들의 삶의 자리에서 몇 가지 근본적인 질문을 던졌을 것이다. 하나님의 통치는 어떻게 이 땅에 도래하는가? 하나님의 통치는 언제, 어디서, 어떻게 실현되는가? 이러한 질문에 대한 답을 찾기 위해 유대인들은 자신들의 경전, 특히 예언서 부분에 집중했다. 이들 예언서에서 하나님의 통치가 어떻게 실현되는지에 대한 실마리를 발견할 수 있었다. 그중 다니엘 7장 13-14절은 하나님의 통치와 관련된 중요한 본문으로 여겨졌다:

> 내가 또 밤 환상 중에 보니 **인자 같은 이가 하늘 구름을 타고 와서** 옛적부터 항상 계신 이에게 나아가 그 앞으로 인도되매, **그에게 권세와 영광과 나라를 주고 모든 백성과 나라들과 다른 언어를 말하는 모든 자들이 그를 섬기게 하였으니,** 그의 권세는 소멸되지 아니하는 영원한 권세요 그의 나라는 멸망하지 아니할 것이니라.

이 본문에서 하나님의 통치는 '인자'(사람의 아들)를 통해 이 땅에 실현될 것이라고 명시하고 있다. '인자'에게 하나님의 권세와 영광과 나라가 주어지며, 이를 통해 모든 민족과 다른 언어를 가진 모든 사람들이 하나님의 통치를 경험하게 될 것이라고 말한다.

유대인들은 이 말씀을 바탕으로 하나님의 통치가 '인자'를 통해 이 땅에 도래할 것이라고 믿었다.

여기서 '인자'는 하나님의 아들을 상징하며, 메시아(그리스도)와 밀접하게 연결된 개념으로 이해됐다. 이는 구약의 전통에서 '인자'가 다윗왕의 자손에게 주어진 하나님의 계약에 기초한 사상이었기 때문이다. 구약성서에서 '하나님의 아들'이라는 표현은 신적 존재를 지칭하기보다는 왕의 자녀들에게 주어진 칭호로 사용됐다. 따라서 유대인들은 '인자/메시아/그리스도'를 통해 진정한 왕이신 하나님의 통치가 이 땅에 실현될 것이라고 믿었다.

이제 유대인들에게 남은 질문은 하나였다. "위의 예언에 부합하는 메시아가 과연 누구인가?"라는 것이다. 그리스도교의 정경인 복음서는 이 질문에 대해 명확히 대답하며, '그 인자/메시아/그리스도가 바로 예수다'라고 선언한다. 마가복음 1장 1절은 이를 다음과 같이 간결하게 요약하고 있다:

하나님의 아들 예수 그리스도의 복음의 시작이라.

복음서의 저자들은 예수가 예언된 메시아임을 입증하려 노력했다. 특히 유대인 독자들을 염두에 두고 쓰였다고 여겨지는 마태복음은, 마가복음과 달리 예수의 출생기를 포함하고 있다. 마태복음의 출생 기록은 예수가 메시아의 예언에 부합한 인물임을 증명하려는 의도로 작성됐다고 볼 수 있다.

예를 들어, 마태복음은 예수가 '베들레헴'에서 태어났다는 사실을 강조한다. 이는 미가 5장 2절에서 언급된 메시아의 탄생지 예언을 성취한다는 점을 부각하려는 것이다. 이러한 기록은 유대인 독자들에게 예수가 자신들이 대망했던 메시아에 부합하는 인물이라는 점을 설득하려는 의도를 반영한다.

복음서는 단순히 예수의 생애를 기록한 문헌이 아니라, 예수가 구약성서의 메시아 예언에 부합하는 인물임을 논증하려는 신학적 작업의 결과물로 볼 수 있다.

그리스도교의 경전들 중 복음서, 특히 마태복음, 마가복음, 누가복음으로 알려진 공관복음은 서로 병행하는 구절들이 많고, 유사한 구조를 공유하고 있다. 이러한 구조의 중심이 되는 핵심 구절들은 바로 다음과 같다:

이르시되 "너희는 나를 누구라 하느냐?" 시몬 베드로가 대답하여 이르되 "주는 그리스도시요 살아 계신 하나님의 아들이시니이다." (마태복음 16장 15-16절)

또 물으시되 "너희는 나를 누구라 하느냐?" 베드로가 대답하여 이르되 "주는 그리스도시니이다" 하매. (마가복음 8장 29절)

예수께서 이르시되 "너희는 나를 누구라 하느냐?" 베드로가 대답하여 이르되 하나님의 그리스도시니이

다 하니. (누가복음 9장 20절)

이 구절들은 공관복음 모두에서 동일하게 등장하며, 복음서 구조의 중심축을 형성하고 있다. 시몬 베드로의 이 고백은 복음서의 신학적 핵심을 드러내는 구절로, 예수가 바로 유대인들이 대망했던 하나님의 통치를 가져올 하나님의 선택받은 메시아(그리스도)임을 명확히 밝히고 있다.

복음서는 단순히 예수의 생애를 기록한 문서가 아니라, 유대인들의 오랜 열망과 구약의 예언들이 예수라는 인물을 통해 성취됐음을 선언하는 신학적 작품이다. 공관복음의 이러한 구조적 특징은 예수를 메시아로 증언하는 복음서의 본질적 목적을 더욱 분명히 한다. 예수가 메시아/그리스도시다.

부록: 그리스도교의 복음

그리스도교에서 '복음'은 매우 중요한 개념이다. "복음"은 (성서 원문에서) 헬라어 '유앙겔리온'(εὐαγγέλιον)의 번역으로, "좋은 소식"이라는 의미를 가진다. 이는 그리스도교 신앙의 핵심 메시지를 담고 있는 단어로, 하나님이 예수 그리스도를 통해 인류에게 주시는 구원의 소식을 의미한다.

1세기 유대인들은 자신들이 여전히 '포로기'에 속해 있다고 생각했다. 이는 단순히 물리적 포로 상태가 아니라, 그들의 신앙적·정치적·사회적 정체성에 대한 고난과 억압의 상태를 의미했다. 구약성서의 느헤미야서는 이스라엘 백성(유대인들)이 고국 땅으로 돌아왔음에도 여전히 자신들의 신분을 '종'으로 여겼음을 보여 준다:

우리가 오늘날 **종이 되었는데,** 곧 주께서 우리 조상들에게 주사 그것의 열매를 먹고 그것의 아름다운 소산을 누리게 하신 땅에서 우리가 종이 되었나이다. 우리의 죄로 말미암아 주께서 우리 위에 세우신 이방 왕들이 이 땅의 많은 소산을 얻고 그들이 우리의 몸과 가축을 임의로 관할하오니 우리의 곤란이 심하오며. (느헤미야 9장 36-37절)

유대인들에게 자유와 종의 정체성은 누가 자신들을 통치하는가에 따라 결정됐다. 그들에게 이방 왕의 통치는 계속되는 억압의 상징이었고, 하나님의 통치만이 진정한 해방과 자유를 의미했다.

좋은 소식과 하나님의 통치의 도래

그러한 배경에서 유대인들이 가장 간절히 기다린 소식은 무엇이었을까? 그것은 바로 이방 왕의 통치가 끝나고 하나님의 통치가 다시 유대 땅에 도래한다는 소식이었다. 구약성서의 이사야서는 이러한 유대인의 기대를 잘 보여 준다:

> 좋은 소식을 전하며 평화를 공포하며 복된 좋은 소식을 가져오며 구원을 공포하며 시온을 향하여 이르기를 네 하나님이 통치하신다 하는 자의 산을 넘는 발이 어찌 그리 아름다운가. (이사야 52장 7절)

여기서 '좋은 소식'은 복음서 저자들이 사용한 '복음'이라는 용어의 배경이 된다. 하나님의 통치의 도래는 평화와 구원의 소식이었다. 이는 단순히 영적 구원을 넘어, 이방 민족의 압제로부터의 해방이라는 정치적·사회적 기대를 담고 있었다.

좋은 소식과 메시아에 대한 기대

유대인들은 이 좋은 소식을 가져올 자를 간절히 대망했다. 이러한 기대는 메시아/그리스도의 기대로 이어졌으며, 하나님의 통치를 메시아가 가져올 것이라고 믿었다. 유대인들은 메시아가 이방 왕들의 억압을 끝내고 하나님의 통치를 회복할 것이라는 희망 속에 살았다.

이와 같은 유대인들의 배경에서, 복음서의 저자들은 예수가 세례를 받고 사역을 시작하며 전한 다음의 메시지를 기록했다:

이르시되 때가 찼고 하나님의 나라가 가까이 왔으니 회개하고 복음을 믿으라 하시더라. (마가복음 1장 15절)

여기서 예수가 선포한 '하나님의 나라 복음'은 단순한 종교적 메시지가 아니었다. 그것은 다음과 같은 강력한 선언을 담고 있었다:

우리 민족 모두가 기다렸던 그때가 도래했습니다. 하나님의 통치가 왔습니다. 그러니 지금 당신들이 따르고 있는 통치자에게서 돌이켜 복음을 믿으십시오.

예수가 전한 복음은 하나님의 통치가 도래했음을 선포하며, 그 통치를 자신이 가져왔다는 메시지를 포함하고 있었다.

복음서의 저자들 중 한 사람인 마가는 이를 명확히 강조하며 이렇게 기록했다:

하나님의 아들 예수 그리스도의 복음의 시작이라. (마

가복음 1장 1절)

'그 통치를 가져온 그리스도가 곧 예수라는 선언이

바로 복음이다'라고 말한다. 즉, 복음은 하나님의 통

치를 가져올 메시아가 바로 예수라는 선언이며, 예

수가 왕으로 오셨다는 기쁜 소식이다.

제5장
예수 그리스도가 선포한 하나님 나라

앞서 살펴본 대로, 복음서는 예수가 '그리스도'임을 전하는 책이다. 복음서에서 묘사되는 예수는 유대인들에게 매우 중요한 개념을 전달했는데, 바로 '하나님 나라'라는 개념이다. 마가복음 1장 14-15절은 이를 다음과 같이 기록하고 있다:

> 요한이 잡힌 후 예수께서 갈릴리에 오셔서 **하나님의 복음을** 전파하여, 이르시되 "때가 찼고 **하나님의 나라가 가까이 왔으니** 회개하고 복음을 믿으라" 하시더라.

예수는 "하나님 나라가 가까이 왔다"라고 선언한다. 이 선포를 들었던 유대인들에게 이 말은 어떤 의미였을까? 우선, 예수가 말한 '하나님 나라'는 그리스도교에서 흔히 중요하게 여겨지는 '천국'이라는 개념과는 다소 차이가 있다. 일반적으로 사용되는 '천국'이라는 용어는 마태복음의 '천국'이라는 표현으로 인해 하늘에 있는 특정한 공간으로 오해될 소지가 있다. 이는 '천국'의 한자어(天國)가 주는 의미 때문으로 보인다.

그러나 예수 당시의 유대인들에게는 하늘에 있는 특정 공간이나 내세(죽음 이후의 세상)가 그렇게 중요하지 않았을 가능성이 크다. 예수가 선포한 '하나님 나라'는 단순히 죽어서 가는 하늘의 공간이 아니다. 이는 히브리어 '말쿠트'(מלכות)의 번역어로서, 헬라어로는 '바실레이아'(βασιλεία)이다. 히브리어 '말쿠트'가 '하나님'과 결합될 때는 대부분 "하나님의 통치"를 의미했다.

예를 들어, 시편 103편 19절은 하나님의 통치가 어떻게 묘사되는지 보여 주는 구절이다:

여호와께서 그의 보좌를 하늘에 세우시고 그의 왕권 (מלכותו, '말쿠토', "그의 나라/통치")으로 만유를 다스리시도다.

여기서 '말쿠토'는 "그의 통치"를 의미하며, 이는 하나님의 주권과 다스림을 직접적으로 나타낸다. 따라서 예수가 선포한 '하나님 나라'는 하늘의 특정한 공간이 아니라, 하나님의 통치와 그 권능의 도래를 의미했을 가능성이 매우 높다.

예수는 자신을 하나님의 '통치'를 가져온 메시아(그리스도)로 여겼다. 이는 단순히 메시아라는 정체성의 자각을 넘어, 그의 사역을 통해 하나님의 통치가 이 땅에 임했다고 주장하는 것으로 나타난다. 예수는 자신의 사역을 구약성서에서 예언된 메시아의 사역으로 인식했다. 특히, 귀신을 쫓아내는 행위는 메시아를 통한 하나님의 통치가 이미 임했음을 드러내는 중요한 증거로 여겨졌다.

마태복음 12장 28절은 이를 명확히 보여 준다:

그러나 내가 하나님의 성령을 힘입어 귀신을 쫓아내는 것이면 하나님의 나라가 이미 **너희에게 임하였느니라.**

여기서 예수는 자신의 사역이 단순히 기적적 행위에 그치지 않고, 하나님의 통치를 세상에 실현하는 메시아적 사명임을 선언한다. 이는 유대인들이 기다리던 메시아의 역할을 스스로 자각하고 있었음을 강하게 암시한다. 또한, 하나님의 통치가 예수의 사역을 통해 이미 시작됐음을 강조함으로써, 그의 메시지가 단순히 미래의 기대를 넘어 현재의 실현이라는 점을 부각한다.

이러한 예수의 행위와 가르침은 유대 사회의 여러 종교적 그룹에 소문으로 퍼졌고, 예수가 자신들이 기다리던 메시아에 해당하는지 확인하려는 관심을 불러일으켰다. 복음서의 여러 구절은 초기 예수의 사역에 유대 종교 그룹들, 특히 바리새인과 사두개인 들이 주목했음을 보여 준다.

마태복음 9장 10-11절은 바리새인들이 예수의 행위에 관심을 기울였음을 나타낸다:

예수께서 마태의 집에서 앉아 음식을 잡수실 때에 많은 세리와 죄인들이 와서 예수와 그의 제자들과 함께 앉았더니, 바리새인들이 보고 그의 제자들에게 이르되 어찌하여 너희 선생은 세리와 죄인들과 함께 잡수시느냐.

또한 마태복음 12장 38절에는 바리새인들이 예수에게 표적을 보여 달라고 요청하는 장면이 나온다:

그때에 서기관과 바리새인 중 몇 사람이 말하되 "선생님이여 우리에게 표적 보여 주시기를 원하나이다."

이와 함께, 누가복음 20장 27-28절에서는 사두개인들이 예수를 시험하려는 질문을 던진다:

부활이 없다고 주장하는 사두개인 중 어떤 이들이 와서, 물어 이르되 "선생님이여 모세가 우리에게 써 주기를 '만일 어떤 사람의 형이 아내를 두고 자식이 없이 죽으면 그 동생이 그 아내를 취하여 형을 위하여 상속자를 세울지니라' 하였나이다."

이러한 구절들은 예수가 활동했던 1세기 유대교에 여러 분파(그룹)가 존재했음을 알려 주는 중요한 사료로 간주된다. 복음서 외에도 1세기 유대 문헌은 바리새인, 사두개인, 에세네파, 젤롯당 등 다양한 유대 종교적 분파의 존재를 증언하고 있다. 이들은 예수가 자신들이 기다리던 메시아인지에 대해 높은 관심을 가졌음을 보여 준다.

이들 유대 종교적 분파들 또한 당대의 가장 높은 관심사였던 메시아(그리스도)를 통한 하나님의 통치 실현을 열망하고 있었다. 이는 단순히 신앙적 기대를 넘어, 로마 제국의 억압에서 해방되고자 하는 정치적 열망과도 맞닿아 있었다. 이러한 유대 분파들은 예수의 기적과 가르침에 관심을 보였고, 동시에 이들을 통해 예수가 자신들의 종교적 기득권에 도전하는 존재로 인식됐음을 알 수 있다. 이는 단지 예수에 대한 관심에 그치지 않고, 예수에게 세례를 베푼 세례 요한에게도 주목했음을 보여 주는 구절에서 역시 드러난다.

마태복음 3장 7-9절은 세례 요한이 바리새인들과 사두개인들에게 경고하는 장면을 묘사한다:

요한이 많은 바리새인과 사두개인들이 세례 베푸는

데로 오는 것을 보고 이르되 "독사의 자식들아. 누가 너희를 가르쳐 임박한 진노를 피하라 하더냐. 그러므로 회개에 합당한 열매를 맺고, 속으로 아브라함이 우리 조상이라고 생각하지 말라. 내가 너희에게 이르노니 하나님이 능히 이 돌들로도 아브라함의 자손이 되게 하시리라."

이 구절은 당시 바리새파와 사두개파가 세례 요한의 메시지에 주목했음을 보여 주는 동시에, 그들이 하나님의 통치와 심판에 대해 엇갈린 반응을 보였음을 암시한다. 이는 예수와 세례 요한의 가르침이 단순히 새로운 종교적 메시지가 아니라, 당시 종교적 기득권과 신학적 패러다임을 뒤흔드는 도전이었다는 점을 시사한다.

당시 이스라엘 사회에는 크게 네 가지 주요 종교적 분파가 존재했다: 바리새파, 사두개파, 젤롯당, 에세네파. 이들은 각각 독특한 메시아관을 가지고 있었으며, 율법, 성전, 해방에 대한 관점의 차이로 인해 분화됐다. 바리새파는 율법의 철저한 준수를 강조했으며, 사두개파는 성전 중심의 제사를 중시했다. 반면, 젤롯당은 로마 제국의 지배로부터의 무장 투쟁을 통해 해방을 이루고자 했고, 에세네파는 세속 사회와의 단절을 통해 순수한 공동체를 유지하려는 금욕적 생활 방식을 추구했다.

이처럼 예수는 각 분파의 열망과 기대를 충족시키지 않으면서도, 그들에게 도전을 가하는 독특한 인물로 자리 잡았다. 그의 가르침은 단지 신학적 논쟁의 대상에 그치지 않고, 당시의 종교적 기득권과 정치적 구조를 뒤흔드는 강력한 메시지로 작용했다.

그렇다면, 예수가 생각한 메시아 사역과 하나님 나라는 무엇이었을까? 복음서에서는 예수가 이해한 하나님 나라를 '비유'를 통해 전한다. 그의 비유 하나하나는 매우 급진적이고, 기존의 종교적 전통과 관습에 도전하는 파격적인 내용을 담고 있었다.

이러한 메시지는 그들에게 큰 저항 의식과 위협으로 다가왔을 것이다.

예수는 철저히 소외된 이들과 함께했으며, 아브라함의 자손으로 간주되지 않았던 '죄인들'과 함께 식사하고 교제했다(당대의 유대인들은 유대의 종교 전통과 관습을 따르지 않거나 유대인의 혈통이 아닌 자들을 철저히 배제했으며, 그들을 죄인으로 여겼다).

마태복음 9장 13절에서 예수는 다음과 같이 선언한다:

"너희는 가서 '내가 긍휼을 원하고 제사를 원하지 아니하노라' 하신 뜻이 무엇인지 배우라. 나는 의인을 부르러 온 것이 아니요, 죄인을 부르러 왔노라" 하시니라.

또한, 예수는 '세리와 죄인들과 함께 어울린다'는 비난을 받을 정도로 기존의 사회적·종교적 경계

를 허물며 행동했다. 이는 마태복음 9장 11절과 11장 19절에서도 잘 드러난다:

> 바리새인들이 보고 그의 제자들에게 이르되 어찌하여 너희 선생은 세리와 죄인들과 함께 잡수시느냐? (마태복음 9장 11절)

> 인자는 와서 먹고 마시매 말하기를 "보라 먹기를 탐하고 포도주를 즐기는 사람이요 세리와 죄인의 친구로다" 하니 지혜는 그 행한 일로 인하여 옳다 함을 얻느니라. (마태복음 11장 19절)

예수는 유대인들의 종교 전통과 관습에서 배제되거나 참여할 수 없어 하나님 나라와 무관한 것으로 여겨졌던 사람들, 즉 죄인, 가난한 자, 소외된 자들의 편에 서 있었다. 그는 그들을 하나님의 통치에 초대하며, 메시아 사역의 중심에 두었다. 그의 메시아적 자

의식은 이사야서에 기반한 사명을 통해 분명히 드러
난다. 누가복음 4장 18-19절에서 예수는 자신의 사명
을 다음과 같이 선언한다:

주의 성령이 내게 임하셨으니 이는 가난한 자에게
복음을 전하게 하시려고 내게 기름을 부으시고 나
를 보내사 포로 된 자에게 **자유를**, 눈먼 자에게 다시
보게 함을 전파하며 눌린 자를 **자유롭게 하고**, 주의
은혜의 해를 전파하게 하려 하심이라 하였더라.

이 선언은 예수가 자신을 가난하고 소외된 자들을
위한 메시아로 인식했음을 분명히 보여 준다. 그의
메시아적 사명은 단순히 종교적 지도자로서의 역할
을 넘어, 사회적 약자와 소외된 자들을 위한 해방과
회복의 메시지로 정의됐다. 이러한 자의식은 그가
당시 유대 종교 체계와 충돌할 수밖에 없었던 이유
를 설명해 준다.

제6장
예수의 십자가 처형

그리스도교에서 예수의 십자가 처형 사건은 매우 중요한 신학적 의미를 지닌다. 예수는 자신의 메시아 직분이 십자가의 죽음을 통해 성취된다고 믿었다. 이는 십자가 죽음이 단순한 비극적 사건이 아니라, 신의 계획과 섭리에 따라 이루어진 필연적인 죽음임을 의미한다. 예수는 자신의 죽음을 의도적으로 받아들였으며, 이를 통해 하나님의 구원 계획을 완성할 것이라고 가르쳤다.

그러나 이러한 예수의 죽음에 대한 고지는 그의

제자들에게 큰 혼란과 충격을 안겨 주었다. 제자들은 예수를 메시아(그리스도)로 인식했으나, 그 메시아의 역할을 로마 제국으로부터의 유대 해방자로 이해했다. 이 때문에 예수의 죽음에 대한 예고는 그들에게 납득하기 어려운 내용이었다. 제자들은 메시아가 죽음을 통해 구원을 이룬다는 개념을 이해하지 못했으며, 예수의 고난과 죽음을 거부하려 했다.

마가복음 8장 29-33절은 이러한 제자들의 혼란을 잘 보여 주는 장면이다:

또 물으시되, "너희는 나를 누구라 하느냐?" 베드로가 대답하여 이르되, "주는 그리스도시니이다" 하매, 이에 "자기의 일을 아무에게도 말하지 말라" 경고하시고, 인자가 많은 고난을 받고 장로들과 대제사장들과 서기관들에게 버린 바 되어 죽임을 당하고 사흘만에 살아나야 할 것을 비로소 그들에게 가르치시되 드러내 놓고 이 말씀을 하시니, **베드로가 예수를 붙들**

고 항변하매 예수께서 돌이키사 제자들을 보시며 베드로를 꾸짖어 이르시되, "사탄아 내 뒤로 물러가라. 네가 하나님의 일을 생각하지 아니하고 도리어 사람의 일을 생각하는도다" 하시고.

이 장면에서 베드로는 예수의 죽음을 예고하는 말씀에 격렬히 항변하며 반발한다. 이는 그가 메시아를 로마 제국에 맞서 싸울 정치적 해방자로 기대했기 때문으로 보인다. 예수는 베드로의 반응을 강하게 꾸짖으며, 그의 생각이 하나님의 뜻을 이해하지 못하고 인간적 관점에 머물러 있음을 지적한다. 이 대화는 제자들이 메시아 사역의 본질을 이해하는 데 얼마나 어려움을 겪었는지를 여실히 보여 준다.

복음서의 저자들은 예수의 제자들이 그의 가르침과 메시아적 사명을 '깨닫지 못했다'고 반복적으로 언급한다. 이는 예수가 의도한 메시아적 사명이 제자들에게조차 이해하기 어려운 것이었음을 보여 준다. 제자들은 예수와 가장 가까운 위치에서 그의 사역과 가르침을 경험했음에도 불구하고, 예수가 메시아로서 십자가에 달려 죽는다는 사실을 수용하지 못했다.

특히 유대인들에게 십자가에서 죽는다는 것은 단순한 처형 이상의 의미를 지녔다. 유대 전통과 율법에 따르면, 나무에 달려 죽는 것은 신에게 저주받은 죽음으로 간주됐다. 이러한 이해는 바울의 서신에서도 확인할 수 있다. 갈라디아서 3장 13절은 다음과 같이 말한다:

그리스도께서 우리를 위하여 저주를 받은 바 되사 율법의 저주에서 우리를 속량하셨으니, 기록된바 "나무에 달린 자마다 저주 아래에 있는 자라" 하였음이라.

이 구절은 바울 자신이 유대 전통 속에서 예수의 십자가 처형을 어떻게 이해했는지를 보여 준다. 초기의 바울 역시 예수의 죽음을 율법의 저주로 간주했을 가능성이 크다. 그러나 예수를 메시아로 믿게 된 후, 그는 이 죽음이 저주에서 속량하는 구속적 사건으로 해석됐음을 밝히고 있다.

예수의 죽음은 유대 전통에 깊이 뿌리내린 제자들과 유대인들에게 충격적일 수밖에 없었다. 십자가는 단순한 사형 틀이 아니라, 신학적·문화적으로 저주의 상징이었다. 이러한 배경에서 예수의 제자들이 그의 죽음을 온전히 이해하기 어려웠던 이유를 충분히 짐작할 수 있다. 그들의 혼란은 복음서와 서신서에 걸쳐 반복적으로 드러나는 중요한 신학적 주제이다.

그렇다면 예수 자신은 메시아(그리스도) 직분을 완성하는 '죽음'의 의미를 어떻게 이해했을까? 복음서의 한 구절이 예수 자신의 자발적 죽음에 대한 자의식을 보여 주는 중요한 단서를 제공한다. 마태복음 20장 28절에서 예수는 다음과 같이 말한다:

인자가 온 것은 섬김을 받으려 함이 아니라 도리어 섬기려 하고, 자기 목숨을 많은 사람의 **대속물**로 주려 함이니라.

이 구절은 예수가 자신의 죽음을 의도적으로 받아들였으며, 그것을 단순한 희생이 아니라 '대속물'의 의미로 이해했음을 보여 준다. 여기서 "대속물"로 번역된 헬라어 단어 '뤼트론'(λύτρον)은 "풀어 줌" 또는 "속량"을 의미한다. 이 단어는 당시 노예를 해방시키거나 포로를 자유롭게 하기 위해 지불된 값을 의미하는 데 사용됐다. 따라서, 예수는 자신의 목숨을 하나님의 백성들을 '해방'하고 '자유롭게 하며' '속량'하기 위한 희생으로 여겼다(제3장 "유대인들의 포로기에 대한 세계관 이해" 참조).

▌악의 문제에 대한 예수의 고민

예수의 삶에서 악의 문제를 씨름했음을 추측할 수 있는

구절들은 성서 곳곳에 나타난다.

- 또 이르시되, "사람에게서 나오는 그것이 사람을 더
  럽게 하느니라. 속에서 곧 사람의 마음에서 나오는
  것은 악한 생각 곧 음란과 도둑질과 살인과 간음과
  탐욕과 악독과 속임과 음탕과 질투와 비방과 교만과
  우매함이니, 이 모든 악한 것이 다 속에서 나와서 사
  람을 더럽게 하느니라." (마가복음 7장 20-23절)

- "화 있을진저 외식하는 서기관들과 바리새인들이여,
  너희가 박하와 회향과 근채의 십일조는 드리되, 율법
  의 더 중한 바 정의와 긍휼과 믿음은 버렸도다. 그러
  나 이것도 행하고 저것도 버리지 말아야 할지니라.
  맹인 된 인도자여 하루살이는 걸러 내고 낙타는 삼키
  는도다. 화 있을진저, 외식하는 서기관들과 바리새인
  들이여, 잔과 대접의 겉은 깨끗이 하되, 그 안에는 탐
  욕과 방탕으로 가득하게 하는도다. 눈먼 바리새인이

여 너는 먼저 안을 깨끗이 하라 그리하면 겉도 깨끗

하리라." (마태복음 23장 23-26절)

이와 같은 구절들은 예수가 인간의 내면에 자리한 악한 본성과 씨름하며, 이를 신학적으로 성찰하고 있음을 보여 준다. 마가복음 7장 20-23절은 악한 행위의 근원이 외적인 요인에 있지 않고 인간 마음 깊숙이 내재된 본성임을 강조한다. 이는 인간의 도덕적 자유가 악으로 귀결되는 현상을 설명하려는 예수의 고민을 드러낸다. 마태복음 23장 23-26절에서는 종교 지도자들의 위선을 비판하며, 율법의 핵심인 정의, 긍휼, 믿음과 같은 내적 덕목이 경시되는 현실을 지적한다. 이는 종교적 계명과 규범이 인간의 내면적 변화와 선한 삶을 위한 도구가 되어야 함에도 불구하고, 이를 자신을 과시하거나 외적 형식을 유지하는 데 사용한, 종교적 위선에 대한 통렬한 비판으로 읽힌다. 이러한 비판은 악의 문제를 고민하고 성찰하지 않았다면 나올 수 없는 답변으로 생각된다.

예수의 이러한 이해는 유대인들이 메시아에게 기대했던 역할과 일부 유사점을 가지지만, 동시에 매우 근본적인 차이를 드러낸다. 유대인들은 메시아가 로마 제국의 억압으로부터 자신들을 해방시키기를 열망했다. 그러나 예수는 더 깊은 문제, 곧 구약성서에서 아담과 하와의 타락 이후 모든 인류를 지배해 온 '죄'라는 세력으로부터의 해방을 추구했다. 이는 정치적이고 물리적인 해방을 넘어선, 인간의 근원적인 문제를 해결하고자 하는 메시아적 사명을 반영한다.

예수는 자신의 죽음을 단순히 세상의 권력 구조를 변화시키는 도구로 보지 않았다. 그는 하나님의 통치가 죄와 사망의 세력을 극복하고, 인간을 진정한 자유로 이끄는 구속적 행위라고 이해했다. 따라서 그의 죽음은 물리적 억압에 대한 해방이 아니라, 죄로부터의 해방을 목표로 하는 신학적 사건이었다.

이러한 점은 마태복음 저자의 이해와도 일치한

다. 1세기 아람어가 보편적이었던 유대 세계에서는 '죄'를 부채로 인식하는 경향이 있었다. 즉, 죄는 빚을 진 것과 같은 개념으로 이해됐다. 예수가 가르친 기도인 주기도문에서도 이와 같은 관점이 나타난다. 마태복음 6장 12절에는 다음과 같이 기록되어 있다:

- 우리가 우리에게 **죄** 지은 자를 사하여 준 것같이 우리 **죄를** 사하여 주시옵고.

- Forgive us our *debts*, as we also have forgiven our *debtors*. (NIV)

여기서 "죄"로 번역된 원문은 "부채"를 의미하는 단어로, 하나님과의 관계에서 인간이 진 빚을 암시한다. 따라서 이 기도는 죄를 단순한 도덕적 위반이 아니라 하나님의 공의에 대한 부채로 이해하는 유대적 관점에서 나온 것이다. 여기서 '하나님의 공의에 대한 부채'란, 죄를 짓는 것이 단순히 잘못된 행동이 아니라, 하나님과의 올바른 관계를 깨뜨리고 그분께 지불해야 할 의무를 다하지 못한 상태를 의미하며, 이는 반드시 해결(속죄)되어야 할 문제로 인식되었다.

이와 같은 죄의 '부채' 개념은 예수의 가르침에서도 반복적으로 나타난다. 예수는 만 달란트 빚진 자의 비유(마태복음 18장 23-35절)에서 빚을 탕감받은 사람의 이야기를 통해 용서의 본질을 설명한다. 이 비유는 빚이 탕감되는 것을 죄의 용서로 비유하며, 하나님의 은혜를 드러낸다.

예수는 아마도 인류가 죄라는 부채 문제를 안고 있다고 보았으며, 이를 해결하기 위해 자신의 목숨을 대가로 지불해야 한다고 이해했을 가능성이 높다. 그의 죽음은 단순한 희생 이상의 의미를 가지며, 죄라는 부채를 탕감하고 인간을 하나님과 화해시키고자 행한 구속적 행위로 이해할 수 있다.

실제로 바울의 편지에서도 당시 유대인들이 '죄'

를 단순히 행위의 결과로서의 잘못으로 이해하기보다는, 인간을 지배하는 세력으로 인식했음을 확인할 수 있다. 바울은 '죄'를 하나의 힘으로 보았으며, 이 힘이 인간과 세상을 지배하고 있다고 묘사한다. 이러한 관점은 로마서 5장 12절에서 잘 드러난다:

그러므로 한 사람으로 말미암아 죄가 세상에 들어오고 죄로 말미암아 사망이 들어왔나니 이와 같이 모든 사람이 죄를 지었으므로 사망이 모든 사람에게 이르렀느니라.

바울은 아담의 타락으로 인해 '죄'라는 세력이 세상에 들어오고, 이로 인해 사망이 모든 인류에게 확산됐음을 설명한다. 죄가 단순히 개인적인 잘못이나 윤리적 위반이 아니라, 인간 전체를 지배하는 초월적이고 체계적인 문제로 묘사된다.

또한, 바울은 죄가 그저 존재하기만 하는 것이

아니라, 인간의 삶을 통제하고 지배하는 힘이라고 말한다. 로마서 6장 12절은 이를 다음과 같이 표현한다:

> 그러므로 너희는 죄가 너희 죽을 몸을 지배하지 못하게 하여 몸의 사욕에 순종하지 말고.

바울은 죄를 지배자의 역할로 묘사하며, 인간이 이 힘에 순종하지 않도록 경고한다. 이러한 묘사는 죄를 단순히 개인적 행위의 결과로 축소하지 않고, 인간의 의지와 행동을 넘어서는 강력한 세력으로 이해했음을 보여 준다.

이러한 바울의 관점은 예수가 인류를 무엇으로부터 구원하려 했는지에 대한 깊은 통찰을 제공한다. 예수의 죽음은 단순히 개인을 위한 죄 용서를 제공하는 것이 아니라, 인간을 지배하고 있는 '죄'라는 세력으로부터 해방시키는 것이었다. 죄와 사망의 지배를 끊고, 하나님의 통치 아래에서 자유와 생명을 회복하는 것이 예수의 메시아적 사명임을 바울은 강조하고 있다.

또한, 복음서에서는 예수의 십자가 처형을 무죄한 자의 죽음이라고 말하고 있다. 마가복음 15장 14-15절은 이를 다음과 같이 기록한다:

빌라도가 이르되 "어찜이냐? 무슨 악한 일을 하였느냐?" 하니 더욱 소리 지르되, "십자가에 못 박게 하소서" 하는지라. 빌라도가 무리에게 만족을 주고자 하여 바라바는 놓아 주고, 예수는 채찍질하고 십자가에 못 박히게 넘겨 주니라.

복음서에는 당시 로마의 총독이었던 빌라도가 예수에게서 죄를 찾지 못했다고 기록되어 있다. 그는 예수가 무슨 악한 일을 했는지 물으며 민중을 설득하려 했으나, 그들의 끊임없는 요구에 굴복하여 결국 예수를 십자가 처형에 넘기게 된다. 이는 예수의 죽음이 단순히 로마법의 집행이 아니라, 종교 기득권자들과 민중의 압박 속에서 빌라도가 자신의 정치적 입지를 유지하기 위해 내린 결정임을 보여 준다.

복음서의 이러한 증언은 예수의 십자가 처형이 종교 기득권자들의 기득권 수호와 희생양 찾기의 결과임을 폭로한다. 그들은 예수를 자신들의 권위와 질서를 위협하는 인물로 간주했고, 이를 제거하기 위해 로마 당국과 민중의 힘을 이용했다. 빌라도 또한 민중의 요구에 굴복함으로써, 무죄한 자를 유죄로 판결하는 부당한 결정을 내렸다.

복음서에서 예수의 무죄한 죽음은 당대의 '죄'를 드러내는 역할을 한다. 종교 기득권층의 위선과 민중의 맹목적 요구, 그리고 정치 지도자의 책임 회피는 모두 예수의 십자가 사건을 통해 폭로된다. 이는 단순한 역사적 사건을 넘어, 인간 사회의 죄성과 구조적 불의를 보여 주는 신학적 메시지로 읽힌다.

무죄한 자의 죽음을 통해, 예수는 당대의 죄악을 폭로하고 하나님의 구원의 계획을 드러낸 것이다.

부록: 모세 이야기와 유대인의 해방 서사
—예수의 십자가 사건과의 연결

지금부터 유대교와 그리스도교의 경전인 출애굽기의 한 대목을 마치 할아버지가 손주에게 들려 주는 이야기처럼 읽어 보자.

옛날 옛적에 말이다, 우리 조상들은 이집트라는 나라에서 노예로 살았었단다. 그곳의 왕, 바로 파라오라는 사람은 참으로 잔인해서 히브리인들에게 힘든 일만 시켰지. 매일같이 벽돌을 만들고 무거운 짐을 나르느라 모두 지쳐 있었단다.

그런데 거기에는 모세라는 특별한 사람이 있었어.

그는 히브리인이었지만, 이집트의 왕궁에서 자라며 왕자처럼 살았지. 호화로운 이집트 생활을 했던 모세이지만 그는 자신이 히브리인이라는 걸 알고 있었고, 동족들이 고통받는 걸 그냥 보고만 있을 수 없었단다. 어느 날, 모세는 한 이집트인이 히브리인을 때리는 걸 보았어. 그걸 본 모세는 너무 화가 나서 그만…, 그 이집트인을 때려 죽이고 말았지. 그래서 모세는 도망칠 수밖에 없었단다. 광야로, 아주 먼 곳으로 말이야.

모세가 도망자로 살던 어느 날, 신기한 일이 일어났어. 모세가 양을 돌보던 중에 한 나무에 불이 붙은 것을 보았지. 그런데 뭔가 좀 이상한 거야. 나무가 불에 타지 않고 그대로 있는 거였어! 그 불꽃 속에서 "모세야, 모세야" 하는 목소리가 들렸단다. 그 목소리는 다름 아닌 우리 조상 아브라함에게 나타났던 신, 바로 '여호와'였지.

여호와는 모세에게 이렇게 말씀하셨어. "모세야,

나는 네 조상 아브라함, 이삭, 야곱의 하나님이다. 나는 내 백성이 이집트에서 고통받는 걸 지켜보았다. 그러니 이제 네가 그들을 이집트에서 이끌어 내야 한다." 모세는 깜짝 놀랐지만, 결국 신의 명령을 따르기로 했단다.

그래서 모세는 다시 이집트로 돌아가 파라오에게 말했어. "내 백성을 놓아주십시오." 하지만 파라오는 고개를 절레절레 흔들며 거절했지. 아무리 모세가 설득해도, 파라오는 마음을 돌리지 않았어. 그래서 여호와는 이집트에 무서운 재앙들을 내렸단다. 그런데도 파라오는 끝까지 완강했어.

그러다 마침내, 결정적인 일이 벌어졌지. 여호와께서 이집트의 모든 첫째 아들을 죽이겠다고 하신 거야. 하지만 히브리인들에게는 "양의 피를 문에 바르라"고 명령하셨어. 그렇게 하면 죽음의 재앙이 그 집을 그냥 지나간다고 말씀하셨단다. 그래서 이 사건을 '유월절'이라고 불러. "넘어간다"는 뜻이지. 그날 밤,

이집트의 모든 장자들이 죽임을 당했지만, 히브리인들의 집은 무사했단다.

결국 파라오는 히브리인들을 놓아줄 수밖에 없었어. 하지만 마음이 또 변한 파라오는 군대를 이끌고 뒤쫓아 왔지. 그때, 또다시 놀라운 일이 일어났어. 여호와께서 바다를 갈라 주신 거야! 히브리인들은 마른 땅을 걷듯이 바다를 건너갔고, 그 뒤를 따라오던 이집트 군대는 물에 휩쓸려 모두 사라졌단다.

이렇게 해서 우리 조상들은 이집트의 노예 생활에서 해방될 수 있었어. 이 이야기는 지금도 유월절마다 되새기며, 우리가 받은 자유와 구원을 기억하는 소중한 이야기야.

이 이야기는 유대교와 그리스도교의 경전인 출애굽기(Exodus)에 나오는 내용이다. 유대인들은 이집트 탈출 사건을 기억하기 위해 "유월절"(פֶּסַח, '페사흐', Passover)이라는 절기를 지켰으며, 이 절기 동안 모세를 통해 이루어진 해방의 사건 이야기를 반복적으로 낭송하고, 신의 구원에 감사를 표했다.

이 출애굽 서사는 단순한 과거의 이야기가 아니다. 유대인의 집단 정체성 속에서 '포로기'와 '해방'이라는 내러티브의 근간을 이루었으며, 이집트에서의 해방 이야기는 바빌로니아 포로기와 로마 제국의 지배와 같은 역사적 고난 속에서도 끊임없이 재해석된다. 모세의 지도 아래 이루어진 '파라오로부터의 해방'은 단순한 정치적 독립을 넘어, '신이 함께하신 구원의 역사'로 자리 잡았던 것이다. 이는 지독한 억압과 핍박 속에서 유대인들에게 미래의 해방을 꿈꾸게 한 신학적 희망의 토대였다.

놀랍게도, 예수의 십자가 처형과 부활을 통한 해방 서사는 이 출애굽기의 모티프를 반영하고 있다. 실제로 복음서에서는 예수의 죽음을 '유월절' 시기에 일어난 사건으로 기록하고 있으며, 이는 단순한 역사적 타이밍의 문제가 아니다.

"너희가 아는 바와 같이 이틀이 지나면 **유월절**이라 인자가 십자가에 못 박히기 위하여 팔리리라" 하시더라. (마태복음 26장 2절)

이날은 **유월절**의 준비일이요, 때는 제육 시라. 빌라도가 유대인들에게 이르되 "보라, 너희 왕이로다." (요한복음 19장 14절)

… 우리의 **유월절** 양 곧 그리스도께서 희생되셨느니라. (고린도전서 5장 7절)

이 구절들은 예수 그리스도를 '유월절 어린양'으로 동일시하며, 예수의 죽음을 통해 인류가 '죄와 죽음의 권세로부터 해방'됐음을 선포하는 대목이다. 마치 여호와께서 모세를 통해 유대인들을 이집트의 압제로부터 구원하신 것처럼, 예수는 인류를 '죄의 포로 상태'로부터 해방시키는 새로운 출애굽의 지도자로 등장한다.

이러한 서사 구조는 복음서 저자들이 의도적으로 예수의 죽음과 유월절 해방 사건을 연결시키려 했음을 시사한다. 이 연결은 단순한 역사적 병치가 아니라, 예수의 십자가 사건을 '결정적인 해방의 순간'으로 규정짓기 위한 신학적 결과이며 그리스도교 신앙인들에게 이 사건은 역사적 사실인 동시에 '죄에서의 해방'이라는 영적 메시지를 담은 신앙의 핵심이 된다.

결국, 예수의 죽음은 유대인의 출애굽 서사에서 발견되는 '해방의 이야기'를 인류 전체를 위한 구원 서사로 확장하는 사건이다. 이로써 유대교적 '유월절 해방'은 그리스도교적 '십자가의 구원'으로 재해석되며, 이는 그리스도교 신앙 고백의 중심을 이루게 된다.

초기 그리스도인인 바울은 예수의 십자가 죽음을 자신의 서신들에서 다양한 방식으로 해석하며, 그 죽음의 의미를 강론했다. 로마서 5장 6-8절은 이러한 바울의 신학적 성찰을 대표적으로 보여 주는 구절로, 예수의 죽음이 "우리를 위한" 죽음임을 강조하고 있다.

· 우리가 아직 연약할 때에 기약대로 그리스도께서 경건하지 않은 자를 위하여 죽으셨도다. 의인을 위하여 죽는 자가 쉽지 않고 선인을 위하여 용감히 죽는 자가 혹 있거니와, 우리가 아직 죄인 되었을 때에 그리스도께서 우리를 위하여 죽으심으로 하나님께서 우리에 대한 자기의 사랑을 확증하셨느니라.

바울은 예수의 죽음을 "우리를 위한" 죽음으로 묘사하면서, 그 죽음이 인류의 구원을 위한 보편적이며 공적인 성격을 지닌다고 이해하고 있다. 한국 개신교에서는 "나를 위한" 죽음으로 이해하는 것이 익숙하지만 바울은 예수의 죽음을 "우리를 위한" 것으로 규정함으로써, 예수의 희생이 개인을 넘어 공동체와 인류 전체를 위한 것임을 강조한다.

또한 바울은 예수의 죽음을 인류 역사상 보기 드문, 혹은 유일무이한 죽음으로 이해한다. 그는 이렇게 말한다.

· … 의인을 위하여 죽는 자가 쉽지 않고 선인을 위하여 용감히 죽는 자가 혹 있거니와 우리가 아직 죄인 되었을 때에 그리스도께서 우리를 위하여 죽으심으로 …

바울의 관점에서는 의인을 위하여 죽는 것은 결코 쉬운 일이 아니며, 선인을 위한 희생적 죽음조차 극히 드문 일이다. 그러나 예수는 도덕적 자격이나 공로가 없는 죄인을 위해 죽으셨다. 이는 바울에게 있어 '불가능'에 가까운 희생으로, 예수의 죽음이 지닌 고귀함과 충격을 부각한다. 그는 이를 통해 예수의 죽음을 '공적'이며 동시에 '불가능'에 가까운 희생적 죽음으로 해석하고 있다.

바울은 이러한 놀라운 예수의 죽음을 통해 깨달음을 얻었다고 고백한다. 그는 "… 하나님께서 우리에 대한 자기의 사랑을 확증하셨느니라"라고 말하며, 예수의 죽음이 하나님의 사랑을 증명하는 사건임을 깨달았다. 이로써 예수의 죽음은 단순히 역사적 사건이나 윤리적 희생이 아니라, 하나님의 사랑이 구체적으로 드러난 신학적 계시로 이해된다. 바울의 이러한 이해는 예수의 죽음이 단순한 희생 이상의 의미임을 나타내며, 인간에게 주는 '깨달음'의 중요성을 시사한다. 예수의 죽음이 주는 충격과 놀라움은 우리로 하여금 멈추어 성찰하게 하고, 우리의 과거와 현재를 돌아보게 하며, 인간 실존의 근본적 문제와 '악'을 자각하게 한다. 이는 단순한 사건이 아닌, 인간의 도덕적 자유와 죄, 그리고 하나님의 구원 계획에 대한 깊은 성찰을 요구하는 계기이다.

제7장
예수의 부활

예수의 십자가 처형 이후, 그를 따르던 제자들과 무리들은 모두 흩어졌다. 복음서에 따르면, 예수의 가장 가까운 제자였던 베드로조차 예수를 부인했다고 기록되어 있다. 이는 예수를 메시아(그리스도)로 여겼던 이들의 희망과 기대가 얼마나 처참히 깨어졌는지를 보여 준다. 예수를 따랐던 이들에게 그는 로마 제국의 억압과 가난 가운데 작은 희망의 불씨였을 것이다. 그러나 그 희망이 십자가에서의 죽음으로 산산이 부서졌을 때, 그들이 느꼈을 실망감과 혼란은 상상하기 어려울 정도로 컸을 것이다.

이러한 실망 속에서 예수를 메시아(그리스도)로 믿는 메시아 운동은 이대로 끝나는 듯 보였다. 실제로 당시 자칭 메시아라 말하던 여러 인물이 등장했지만, 그들의 죽음 이후 그들을 따르던 무리들은 모두 흩어지고 운동은 사라졌다. 이는 메시아 운동이 메시아의 생존과 성공에 깊이 의존했음을 보여 준다. 그러나 예수의 메시아 운동은 그의 죽음 이후에도 계속됐다는 점에서 독특한 사례로 남아 있다.

예수의 메시아 운동이 죽음 이후에도 지속된 이유는 바로 '부활' 사건 때문이다. 이는 단순히 신앙적 고백을 넘어, 사회학적으로도 매우 독특한 현상으로 평가된다. 메시아 운동은 대개 메시아의 죽음으로 인해 운동 자체가 끝나 버리는 것이 일반적이었지만, 예수의 경우 그의 죽음 이후에도 공동체가 흩어지지 않고 오히려 더 강하게 결속됐다.

사실, 그리스도교와 경전을 공유하는 유대교의

성서에는 '부활'이나 '내세'에 대한 구체적인 개념이 거의 등장하지 않는다. 그러나 제2성전기(기원전 5세기-기원후 70년)에 이르러 '부활'과 '내세'라는 신앙이 점차 발전하기 시작했다. 이는 1세기 전후로 유대인들이 경험한 수모와 핍박, 그리고 고난이 부활과 내세라는 신앙으로 확장된 결과였을 가능성이 크다.

이러한 부활 신앙의 발달은 당시의 문헌에서도 확인할 수 있다. 예를 들어, 마카베오하 7장은 고난과 순교의 순간에 품은 부활에 대한 강한 기대를 담고 있다. 다음은 그 문헌의 일부이다:

그는 죽는 마지막 순간에 왕에게 다음과 같이 말하였다. "나는 지금 사람의 손에 죽어서 하느님께 가서 다시 살아날 희망을 품고 있으니 기꺼이 죽는다. 그러나 너는 부활하여 다시 살 희망은 전혀 없다." (마카베오하 7장 14절, 공동번역)

이 문헌에서 순교자들은 자신들이 신의 법을 지키다 죽음을 맞이하지만, 하나님이 반드시 자신들을 부활시킬 것이라는 희망을 갖고 있다. 이는 죽음으로써 단순히 육체의 생명을 잃고 마는 것이 아니라, 신실함으로 인해 하나님의 구원에 참여하게 될 것이라는 믿음에 뿌리를 둔다.

특히, 일곱 형제와 어머니의 순교 장면은 1세기 유대인들이 처한 극한의 상황과 부활 신앙의 연관성을 잘 보여 준다. 그들은 고난을 감내하며, 자신의 희생이 헛되지 않을 것이라는 확신을 갖고 죽음을 맞이한다. 이러한 배경은 유대교의 내세 신앙이 단순한 위안이나 도피가 아니라, 하나님에 대한 강한 신뢰와 율법 준수에 근거한 신학적 확신에서 비롯된 것임을 보여 준다.

이러한 순교자의 죽음에서의 부활은 단순히 생명을 회복하는 사건이 아니라, 하나님이 그의 죽음을 신원하고 그의 삶이 옳았음을 인정하는 사건으로 여겨졌다. 이는 유대교의 부활 신앙이 가지는 신학적 뿌리이자, 초기 그리스도교의 부활 신앙이 가진 의미와도 맞닿아 있다. 이러한 이해는 그리스도교의 경전인 사도행전에도 잘 나타난다.

사도행전은 예수의 부활에 대해 반복적으로 "하나님이 예수를 살리셨다"라고 선언한다. 예를 들어 다음과 같은 구절들이 있다:

이 예수를 **하나님이** 살리신지라 우리가 다 이 일에 증인이로다. 하나님이 오른손으로 예수를 높이시매 그가 약속하신 성령을 아버지께 받아서 너희가 보고 듣는 이것을 부어 주셨느니라. (사도행전 2장 32-33절)

생명의 주를 죽였도다. 그러나 **하나님이** 죽은 자 가운데서 그를 살리셨으니 우리가 이 일에 증인이라. (사도행전 3장 15절)

너희가 나무에 달아 죽인 예수를 우리 조상의 **하나님
이** 살리시고, 이스라엘에게 회개함과 죄 사함을 주시
려고 그를 오른손으로 높이사 임금과 구주로 삼으셨
느니라. (사도행전 5장 30-31절)

사도행전의 저자는 예수의 부활을 하나님이 이
루신 사건으로 기록하며, 예수를 따랐던 제자들과
초기 그리스도교 공동체가 예수의 부활을 목격했다
고 증언한다. 그들에게 예수의 부활은 단순한 초월
적 기적이 아니라, 하나님이 예수를 옳다 인정하신
사건으로 받아들여졌다.

이는 예수의 십자가 처형이 실패로 여겨졌던 메
시아 운동을 하나님의 인정을 받은 메시아 운동으
로 재정의하게 만든 결정적인 이유였다. 부활은 예
수의 메시아 운동이 단순히 끝나지 않았음을 보여
주는 사건일 뿐 아니라, 하나님이 예수의 삶과 사역
을 승인하고, 그의 메시지가 옳았음을 증명한 사건

으로 자리 잡았다.

부활 사건은 예수를 따르던 이들에게 그의 메시아적 사명을 확신케 하는 경험이었다. 그들은 예수의 부활을 목격하고 체험함으로써 그가 죽음에서 끝난 실패한 메시아가 아니라, 하나님의 구원 계획을 이루는 참된 메시아임을 깨닫게 됐다. 이 체험은 예수의 메시아 운동이 그의 죽음 이후에도 지속될 수 있었던 가장 강력한 원동력이 되었다.

제8장
예수를 그리스도로 믿는 믿음의 공동체:
교회

부활로 다시 시작된 예수 운동은 점차 공동체화되었고, 이는 오늘날 우리가 알고 있는 "교회"의 기원이 되었다. 초기 그리스도교도들은 예수를 메시아(그리스도)로 믿고 그의 가르침을 하나님의 말씀으로 여기며 따랐다. 이러한 믿음은 초기 그리스도교 공동체가 예수의 급진적이고 파격적인 삶의 태도를 전통으로 받아들이게 만들었다.

초기 그리스도교 공동체는 로마 제국의 폭력성과 충돌하며, 인권, 노예, 여성, 부의 문제, 사회 제도

와 같은 당대의 불의한 시스템에 저항했다. 사도행전 17장 6-7절은 이를 잘 보여 준다:

> 발견하지 못하매, 야손과 몇 형제들을 끌고 읍장들 앞에 가서 소리 질러 이르되, **"천하를 어지럽게 하던 이 사람들이 여기도 이르매, 야손이 그들을 맞아들였도다. 이 사람들이 다 가이사의 명을 거역하여 말하되 다른 임금 곧 예수라 하는 이가 있다"** 하더이다 하니.

이 구절에서 그리스도교도들은 로마 제국의 질서를 어지럽히는 자들로 비춰졌으며, 그들의 신앙과 가치는 당시의 사회적·정치적 시스템에 저항했던 것으로 보인다. 그들의 공동체의 핵심 가치는 예수를 그리스도로 믿고 그의 삶과 가치를 실천하는 것이었다.

그들은 예수가 하나님이 보내신 메시아(그리스도)라고 증언했다. 사도행전 18장 28절은 이를 다음과

같이 기록한다:

이는 성경으로써 예수는 그리스도라고 증언하여 공
중 앞에서 힘 있게 유대인의 말을 이김이러라.

이 증언은 예수가 단순한 예언자가 아니라, 하나님
이 선택한 메시아(왕)라는 사실을 의미한다. 또한, 예
수의 가르침과 사역이 부활 사건을 통해 하나님께
옳다고 인정받았음을 나타낸다. 부활은 단순히 초월
적 기적에 그치지 않고, 예수의 삶과 죽음이 하나님
의 뜻에 부합하며, 그의 메시지가 신적 권위를 지녔
음을 확인하는 사건이었다.

　　초기 그리스도교 공동체에 부활 사건은 하나님
이 예수를 높이셔서 '주'가 되게 하셨다는 신앙 고백
의 근거가 됐다. 사도행전 2장 36절은 이를 다음과
같이 기록한다:

그런즉 이스라엘 온 집은 확실히 알지니 너희가 십자가에 못 박은 이 예수를 **하나님이 주와 그리스도**가 되게 하셨느니라 하니라.

여기서 "주"란 헬라어로 '퀴리오스'(κύριος)인데, 이 단어는 당시 로마인들에게는 로마 황제를, 유대인들에게는 자신들의 신(야훼)을 가리키는 표현이었다. 이 단어를 예수에게 붙였다는 것은 두 가지 중요한 신학적 고백을 담고 있다. 첫째, 이 땅의 진정한 황제는 로마 황제가 아니라 예수라는 선언이다. 둘째, 예수가 하나님과 동일한 권위와 본질을 지닌 분이라는 고백이다.

　이러한 고백은 초기 그리스도교 공동체가 로마 제국과 유대인들 양쪽 모두에게 배척받는 이유가 됐다. 사도행전 28장 31절은 그들이 "주 예수 그리스도"를 담대히 선포하며 박해를 받았음을 보여 준다:

하나님의 나라를 전파하며 **주 예수 그리스도에 관한** 모든 것을 담대하게 거침없이 가르치더라.

이 고백은 로마 제국의 황제 숭배 사상에 정면으로 도전했으며, 유대교의 유일신 사상에도 큰 충돌을 일으켰다. 초기 그리스도교도들은 이러한 위험 속에서도 예수를 '주'로 고백하며 그의 삶과 가치를 따랐다. 이는 단순한 신학적 주장에 그치지 않고, 폭력적이고 억압적인 제도와 정책에 저항하며, 소외되고 억압받는 자들에게 자유와 해방을 전하는 실천적 신앙으로 나타났다.

초기 그리스도교의 핵심 가치는 예수를 그리스도이자 주로 믿으며, 그의 가르침을 따라가는 것이다. 그들에게 '믿음'은 자신이 섬기던 황제와 세상의 권력에서 돌이켜, 예수를 자신의 삶의 주인이자 왕으로 따르는 행위였다. 그들의 고백은 명료했다: '주 예수 그리스도.'

그리스도교는 본질적으로 예수를 그리스도이자 주로 섬기며, 그의 삶과 가르침을 삶의 중심에 두는 종교이다. 이러한 고백은 단순한 말의 선언이 아니라, 삶의 모든 영역에서 예수를 참된 왕으로 인정하고 따르는 신앙적 실천이다. 이것이 바로 그리스도교 신앙의 핵심이며, 초기 그리스도교 공동체가 추구한 해방적이고 실천적인 신앙의 모습이다.

제9장
그리스도교의 '왕', '주' 예수

유대 사회 속에서 예수를 따르는 공동체

예수를 따르는 공동체는 1세기 유대 사회에서 어떤 의미를 가졌을까? 초기 그리스도교 공동체의 성격을 유추할 수 있는 단서는 예수가 십자가 처형을 당한 이후에도 그의 제자들이 유대 성전에 출입했다는 기록에서 찾을 수 있다:

> 제구 시 기도 시간에 베드로와 요한이 성전에 올라갈 새. (사도행전 3장 1절)

이 기록은 초기 예루살렘을 중심으로 활동했던 예수의 제자들이 여전히 유대교의 종교적 중심지인 성전에 출입하며 기도했던 정황을 보여 준다. 이는 예수를 그리스도로 믿는 공동체가 유대교로부터 즉각적인 배척을 받지 않았음을 시사한다.

즉, 예수를 따르는 이들은 초기에는 유대교 내부의 하나의 분파처럼 여겨졌을 가능성이 높다. 현대적 시각에서 비유하자면, 그들은 단순히 잘못된 그리스도를 따르는 소수 집단 정도로 인식됐을 것이다. 따라서 초기에는 유대 사회에서 철저히 배척되거나 축출되지는 않았던 것으로 보인다.

그러나 시간이 지나면서 예수를 단순한 메시아가 아니라, 신적인 존재로 경배하고 예배하는 행위가 등장하면서 갈등이 증폭됐다. 유대교 전통에서는 유일신 사상(신명기 6장 4절)이 핵심 교리였기 때문에, 예수를 하나님과 동일시하며 경배하는 행위는 심각한 신학적 위반(우상숭배)으로 여겨졌을 가능성이 크다.

이러한 배경에서, 유대인들에게 '예수를 따르는 것' 자체는 용인될 수 있었을지 모르나, '예수를 하나님으로 숭배하는 행위'는 수용될 수 없는 문제였을 것이다. 이는 이후 유대교와 그리스도교의 분리가 심화되는 중요한 원인이 됐다.

초기 그리스도교와 유대교 간의 갈등: 요한복음의 시각

초기 그리스도교 공동체와 유대교 간의 갈등은 복음서 중 가장 늦은 시기에 기록됐을 가능성이 높은 '요한복음'에서 두드러지게 나타난다. 요한복음은 마태·마가·누가복음과는 달리 유대인들과의 대립적인 서술이 더욱 강조되어 있다.

공관복음서(마태·마가·누가복음)에서는 예수와 유대 종교 지도자들(바리새인, 사두개인) 간의 논쟁이 주요한 갈등의 요소로 등장하지만, 요한복음에서는 보다 포괄적인 유대인 공동체와 예수 공동체 간의 대립이 강조된다.

이러한 차이는 요한복음이 기록될 당시 유대교와 그리스도교가 점차 분리되어 가던 역사적 상황을 반영하고 있을 가능성이 높다. 특히, 요한복음에서는 유대인들이 예수를 배척하고, 그를 따르는 이들을 회당에서 축출했다는 묘사가 등장한다:

그 부모가 이렇게 말한 것은 이미 유대인들이 누구든지 **예수를 그리스도로 시인하는 자는 출교하기로** 결의하였으므로 그들을 무서워함이러라. (요한복음 9장 22절)

이러한 기록은 요한복음이 쓰일 당시 예수를 따르는 유대인들이 회당에서 배척당하고, 그리스도교 공동체가 유대교에서 점차 독립된 종교로 분리되어 가던 과정을 보여 준다.

예수를 따르는 공동체는 시간이 지나면서 단순한 존경을 넘어, 그를 예배와 신앙의 대상으로 삼는 신학적 전환을 이루었다. 이러한 예수 경배가 매우 이른 시기부터 시작됐을 가능성을 보여 주는 중요한 성서 구절들이 존재한다.

특히, 복음서보다 먼저 기록됐을 가능성이 높은 바울의 서신들에서 초기 그리스도인들이 예수를 어떤 존재로 인식했는지 확인할 수 있다. 바울의 서신들 중 빌립보서 2장 6-11절에는 초대 그리스도인들이 송가(頌歌, Hymn)의 형태로 사용했던 찬양이 포함되어 있다. 이는 바울이 직접 창작한 것이 아니라, 초기 교회에서 불리던 신앙 고백적 찬양을 인용한 것으로 보이며, 따라서 예수에 대한 경배가 복음서가 기록되기 이전부터 존재했음을 시사한다.

그는 근본 하나님의 본체시나 하나님과 동등됨을 취

할 것으로 여기지 아니하시고, 오히려 자기를 비워 종의 형체를 가지사 사람들과 같이 되셨고, 사람의 모양으로 나타나사 자기를 낮추시고 죽기까지 복종하셨으니 곧 십자가에 죽으심이라. 이러므로 하나님이 그를 지극히 높여 모든 이름 위에 뛰어난 이름을 주사, 하늘에 있는 자들과 땅에 있는 자들과 땅 아래에 있는 자들로 모든 무릎을 예수의 이름에 꿇게 하시고, 모든 입으로 **예수 그리스도를 주라 시인하여** 하나님 아버지께 영광을 돌리게 하셨느니라. (빌립보서 2장 6-11절)

■그리스도와 주

초기 그리스도교의 신앙과 관습을 이해하는 데 있어 바울의 서신에서 예수를 부르는 호칭으로 '그리스도'와 '주'(主)가 결합되어 있다는 점은 주목할 만하다.

· 하나님 우리 아버지와 주 예수 그리스도로부터 은혜

와 평강이 너희에게 있을지어다. (에베소서 1장 2절)

- 우리 하나님 아버지와 주 예수 그리스도로부터 은혜와 평강이 있기를 원하노라. (갈라디아서 1장 3절)

- 성결의 영으로는 죽은 자들 가운데서 부활하사 능력으로 하나님의 아들로 선포되셨으니 곧 우리 주 예수 그리스도시니라. (로마서 1장 4절)

히브리 성서를 헬라어로 번역한 칠십인역(Septuagint, LXX)은 YHWH(יהוה)를 "주"(主)를 뜻하는 헬라어 κύριος('퀴리오스')로 번역했다. 당시 유대인들에게 "주"('퀴리오스')는 하나님을 지칭하는 호칭이었다. 초기 그리스도교에서 '그리스도'와 '주'를 결합하여 예수의 호칭으로 사용한 것은 유대인들로 하여금 이를 신성모독이자 우상숭배로 간주하게 했을 가능성이 높다.

이러한 기록은 복음서보다 앞선 시기에 예수가 예배의 대상으로 자리 잡았음을 보여 주는 중요한 증거이며, 그리스도교가 단순한 유대교적 메시아 신앙을 넘어 예수를 신적 존재로 고백하는 독자적인 신앙 체계를 형성해 나갔음을 시사한다.

예수를 왕으로 섬기는 공동체: 그리스도교의 본질

초기 그리스도교 공동체는 예수를 단순한 교사나 예언자가 아니라, 하나님의 통치를 실현하는 '왕'으로 고백했다.

> 또 만물을 그의 발 아래에 복종하게 하시고 그를 만물 위에 교회의 머리로 삼으셨느니라. 교회는 그의 몸이니 만물 안에서 만물을 충만하게 하시는 이의 충만함이니라. (에베소서 1장 22-23절)

이 구절은 예수가 부활을 통해 하나님의 우편에 앉아 모든 통치와 권세 위에 뛰어난 왕으로 군림하게 됐음을 선포한다. 예수는 그저 그런 종교적 인물이 아니라, 교회의 머리요, 만물 위에 군림하는 왕적 존재이다.

그리스도교는 단순한 신앙 집단이 아니다. 그리스도교 공동체는 예수를 왕으로 섬기고, 그의 가르침을 실천하며, 불의한 세상 속에서 그의 통치를 입증하는 공동체이다. 따라서 그리스도교의 본질은 단순한 종교적 신념이 아니라, 예수가 실천한 삶을 따라가며, 세상의 불의에 저항하고, 억압받는 자들의 편에 서는 것이다. 초기 그리스도교 공동체는 명백히 드러난 불의에 판단을 유보하는 무기력한 공동체가 아니었다. 도리어 불의한 권력과 타협하지 않는 강력한 도덕적 결단을 요구받았으며, 그들의 신앙은 세상에 위협적인 존재로 여겨졌다.

발견하지 못하매 야손과 몇 형제들을 끌고 읍장들 앞에 가서 소리 질러 이르되, "천하를 어지럽게 하던 이 사람들이 여기도 이르매." (사도행전 17장 6절)

이 구절은 초기 그리스도교 공동체가 세상의 불의에 저항하는 급진적 신앙을 가졌음을 보여 준다. 당시 로마 제국은 황제 숭배를 강요했고, 그리스도인들은 "예수 그리스도만이 주(Lord)다"라고 고백하며 황제의 신격화를 거부했다. 이러한 저항은 단순한 개인의 신앙적 선택이 아니라, 그들의 신앙을 기반으로 사회적 정의를 실현하려는 행위였다.

예수는 하나님 나라의 통치 원리가 철없는 어린아이의 순수함과 같아야 하며, 포도원 품꾼의 비유처럼 마지막 된 자가 첫째가 되는 세상이어야 한다고 가르쳤다.

그리스도교의 본질은 예수가 꿈꾸었던 하나님의 통치가 실현되는 세상을 오늘 우리의 삶 속에서 구현하는 것이다. 불평등과 불의가 만연한 세상 속에서, 예수가 실현하려 했던 하나님의 정의와 공의를 따르는 자들만이 참된 그리스도교 신앙을 실천하는 이들이라 할 수 있을 것이다.

부록: 유대인들에게
아브라함의 자손이 된다는 것의 의미

아브라함에게 계시한 "신"을 믿는 유대교, 이슬람, 그리스도교는 모두 "아브라함의 자손 됨"이라는 개념을 중심으로 삼고 있다. 이 개념은 세 종교의 정체성과 신학적 기반에 깊이 뿌리를 내리고 있으며, 세 종교는 "누가 아브라함의 진정한 후손인가?"라는 질문에 대한 답변에서 서로 다른 입장을 보인다.

아브라함의 후손의 중요성: 신과의 계약

각 종교는 왜 '아브라함의 후손'이 되는 것에 큰 관심과 중요성을 부여할까? 이는 세 종교 모두가 신과의 '계약'을 기반으로 형성된 종교이기 때문이다.

구약성서에 따르면, 창세기 15장에서 아브라함은 자신을 부른 신과 계약을 맺는다. 이 계약은 아브라함의 후손에게 땅과 복을 주겠다는 약속이며, 이를 통해 아브라함은 하나님의 선택받은 민족의 조상이 된다. 이 계약의 구체적인 내용은 다음과 같다:

그를 이끌고 밖으로 나가 이르시되 하늘을 우러러 뭇 별을 셀 수 있나 보라 또 그에게 이르시되 네 자손이 이와 같으리라. 아브람이 여호와를 믿으니 여호와께서 이를 그의 의로 여기시고. (창세기 15장 5-6절)

그날에 여호와께서 아브람과 더불어 언약(계약)을 세워 이르시되 내가 이 땅을 애굽강에서부터 그 큰 강 유브라데까지 네 자손에게 주노니. (창세기 15장 18절)

이 계약은 아브라함의 자녀인 이삭에게로 이어지며, 그 후손이어야 이 계약의 효력을 받을 수 있다. 이러한 맥락에서 '아브라함과 이삭과 야곱의 하나님'이라는 표현은 아브라함의 후손에게 약속하신 하나님이 나의 하나님임을 고백하는 것이다. 이 고백은 민족 종교로서의 정체성을 형성하는 중요한 기초가 된다.

민족 종교에서의 아브라함의 하나님

'아브라함의 하나님'이라는 개념은 단순히 개인의 신앙을 넘어, 한 민족이 신과 맺은 특별한 관계를 의미한다. 아브라함과 그의 후손에게 주어진 땅과 복의 약속은 민족적 정체성과 종교적 권위를 부여하는 중요한 근거가 된다. 유대교는 이 계약의 후손이 이삭과 야곱으로 이어지는 혈통에 국한된다고 보며, 이러한 이해는 '선택된 민족'이라는 정체성을 형성했다.

그리스도교는 이 계약을 혈통적인 의미를 넘어선 믿음의 관점에서 해석한다. 아브라함의 후손이 되는 것은 단지 혈연에 국한되지 않는다는 것과, 민

음을 통해 모든 사람이 하나님의 계약에 참여할 수 있다는 것을 강조한다:

너희가 그리스도의 것이면 곧 아브라함의 자손이요 약속대로 유업을 이을 자니라. (갈라디아서 3장 29절)

이슬람은 코란에서 아브라함의 계약과 복이 이스마엘과 그의 후손에게 이어진다고 주장하며, 이스마엘이 하나님께 순종함으로써 선택받았음을 강조한다. 코란은 아브라함과 그의 후손의 관계를 통해 모든 믿는 자들에게 하나님의 뜻을 따를 것을 요구한다:

우리는 하나님을 믿고, 아브라함, 이스마엘, 이삭, 야곱과 그의 자손들이 믿었던 것을 믿습니다. (코란 2장 136절)

세례 요한과 예수는 당시 유대인들이 "율법의 행위"를 통해 아브라함의 후손임을 증명하려 했던 관점에 반대했다. 그들은 아브라함의 자손이 되는 증거를 율법적 행위에서 찾는 대신, 그것이 삶의 행위와 태도에 있다고 주장했다.

세례 요한은 다음과 같이 설교했다:

요한은 자기에게 세례를 받으러 나오는 무리에게 말하였다. "독사의 자식들아, 누가 너희에게 닥쳐올 진노를 피하라고 일러 주더냐? 회개에 알맞은 열매를 맺어라. 너희는 속으로 '아브라함은 우리의 조상이다' 하고 말하지 말아라. 내가 너희에게 말한다. 하나님께서는 이 돌들로도 아브라함의 자손을 만드실 수 있다." (누가복음 3장 7-8절, 새번역)

예수는 이 관점을 더욱 급진적으로 확장했다. 삭

개오 이야기는 예수가 아브라함의 자손에 대해 새로운 기준을 제시한 중요한 사례이다:

> 오늘 구원이 이 집에 이르렀으니 이 사람도 아브라함의 자손임이로다. 인자가 온 것은 잃어버린 자를 찾아 구원하려 함이니라. (누가복음 19장 9-10절)

삭개오는 세리장이며 부자로, 유대인들 사이에서는 '죄인'으로 간주됐다. 그러나 그의 회개와 실천적 변화는 예수로 하여금 그를 아브라함의 자손으로 인정하게 만들었다. 이는 단순한 혈통적 자격을 넘어, 삶의 실천적 변화를 통한 회개의 열매가 진정한 아브라함의 자손임을 보여 준다.

바울의 가르침: 믿음으로 아브라함의 자손 됨

그리스도교 전통에서는 아브라함의 자손이 되는 기준을 혈통적 범주에서 믿음의 범주로 확장했다. 이

는 바울의 가르침에서 분명히 드러난다. 바울은 다음과 같이 말했다:

> 그런즉 믿음으로 말미암은 자들은 아브라함의 자손인 줄 알지어다. (갈라디아서 3장 7절)

> 너희가 그리스도의 것이면 아브라함의 자손이요 약속대로 유업을 이을 자니라. (갈라디아서 3장 29절)

바울은 믿음이야말로 아브라함의 진정한 자손이 되는 기준이라고 가르쳤다. 이는 유대인들이 혈통과 율법적 행위로 유지했던 자격을 넘어, 그리스도 안에서 모든 민족이 하나님의 계약에 참여할 수 있다는 급진적인 메시지를 전했다.

결론

삭개오의 이야기와 바울의 가르침은 아브라함의 자

손 됨을 단순한 혈통적 자격에서 벗어나, 실천적 회개와 믿음을 통해 새롭게 정의했다. 이는 초기 그리스도교 공동체가 유대적 전통을 넘어서는 새로운 신앙 정체성을 형성하는 데 중요한 역할을 했다. 이처럼 '아브라함의 자손'이라는 개념은 혈통과 율법을 중심으로 한 이해에서 믿음과 행위로 확장됐으며, 이는 곧 그리스도교 신앙의 핵심으로 자리 잡게 됐다.

그리스도교인으로서 유대인들의 '아브라함의 자손 됨'을 이해하는 것은 단순한 역사적 개념을 넘어 신학적으로도 중요한 의미를 갖는다. 이는 예수를 통해 우리가 아브라함의 자손에 편입됐음을 의미하며, 나아가 아브라함에게 계시된 신이 우리의 신이 됐다는 사실을 확증한다. 따라서 구약성서의 역사는 단순히 이스라엘 민족의 역사가 아니라, 그리스도교의 역사로 이어지는 신앙의 흐름 속에서 해석되어야 한다.

성구 색인